Ludwig Burgdörfer

Selig währt am längsten

Heiter-Nachdenkliches über Gott und die Welt

BRUNNEN
Verlag Giessen · Basel

Die Quellen für die direkten und indirekten Zitate
finden sich im Anhang.

© 2009 Brunnen Verlag Gießen
www.brunnen-verlag.de
Umschlagzeichnung: Werner Küstenmacher
Umschlaggestaltung: Ralf Simon
Satz: DTP Brunnen
Druck: CPI – Ebner & Spiegel, Ulm
ISBN 978-3-7655-4067-7

Für Susanne

Inhalt

Engelsgeduld

Schneller als gedacht
brauchen wir plötzlich wieder Geduld,
womöglich sogar
Engelsgeduld –
weil sich nämlich
bis auf Weiteres
die Meute der Leute
nicht so grundlegend geändert hat,
die Lage der Dinge auch nicht,
wir selbst ebenso wenig.
Kurzum,
wir werden wieder mal nicht drum herumkommen,
eine Engelsgeduld aufzubringen.
Damit, wenn's geht,
alles gut geht.

Was Engelsgeduld ist, das wird in der Bibel
in einer Geschichte erzählt.
Sie spielt in Sodom und Gomorra.
Sie wissen, das sind die beiden Städte,
die sprichwörtlich berühmt geworden sind
für ihre Gottlosigkeit.
Jedenfalls, wenn es
wie in Sodom und Gomorra zugeht,
dann weiß jeder,
dass es schlimm ist,

noch schlimmer,
als man es sich vorstellen kann.
Dort jedenfalls,
in Sodom genau,
lebt Lot mit seiner Familie.
Und weil der nicht ganz so gottlos lebt
wie alle anderen,
hat Gott sich vorgenommen,
ihn zu retten und dort rauszuholen,
ehe alles zu spät ist.

Um diese Evakuierung
vor dem Untergang zu organisieren,
schickt Gott zwei Engel.
Die sollen die ganze Familie
so schnell wie möglich wegbringen.

Aber das Ganze verzögert sich ohne Ende,
weil es halt so schwer ist,
einfach wegzugehen.
Lot, seine Frau und seine Töchter
kommen einfach nicht in Tritt.

Da nehmen die Engel
Frau und Kinder
an die Hand
und führen sie vor die Stadt,
ehe alles zu spät ist.

Und als sie dann endlich draußen sind,
wird ihre Geduld noch einmal arg strapaziert.
Die Engel nämlich geben die Anweisung,
Lot solle mit seinen Leuten ins Gebirge fliehen,
um dort ganz sicher zu sein.
Aber Lot in der Not
will da nicht hin
und widerspricht und meint,
er wolle doch lieber in die nächste Stadt.
Und auch das wird ihm dann noch gewährt
aus göttlicher Huld
und mit Engelsgeduld.

So wurde diese Tugend
auf den Begriff gebracht.

Engelsgeduld haben,
das meint eben,
selbst mit denen noch zurechtzukommen,
die sich weigern, dass ihnen geholfen wird,
ja, die noch Extrawünsche äußern,
wenn sie gerade mal knapp
der Katastrophe entgangen sind.

In diesem Sinne also
wünsche ich Ihnen
jede Menge
Engel mit Geduld.

Hallo Nachbar

Wahrscheinlich
werden Sie ihn auch heute
wieder treffen.
Wenn nicht persönlich,
so doch seine Aus- und Nebenwirkungen.
Er wird wieder einmal laut sein,
am Fenster stehen
und beobachten,
was Sie so machen,
mit anderen über Sie herziehen
ohne Ende,
seinen Hund
an Ihrem Gartenzaun
das Bein heben lassen,
weder dem Papagei
noch dem immerzu krähenden Hahn
endlich den Hals herumdrehen,
nein, er wird bleiben,
wie er immer war:
ganz und gar sonderbar –
der nahe Nachbar.

Abertausende von Gerichtsverfahren
gehen jedes Jahr über die Bühne,
unzählige Streitereien gibt es
wegen ihm.

Es kann der Frömmste
nicht in Frieden leben,
wenn er vom bösen Nachbarn
nicht viel hält.
Juristen wissen es:
In keinem anderen Land
werden so viele Konflikte
vor Gericht ausgetragen.
Bei uns ist der Nachbar
zum Lieblingsfeind geworden.
Es wird gestritten um alles Mögliche
und vor allem um alles Unmögliche:
um Kinderlärm und Parkplatzketten,
Wegerechte,
Grenzverläufe,
Blättermengen,
Unkrautsamen,
Spatzenspuren,
Amseltöne,
Haustierschäden,
Lärm und Licht,
Zaunhöhe und Baumgrößen.
Da lacht sich keiner einen Ast
ungestraft.

Was ist passiert?
Wieso sind wir so gestraft
mit der Nachbarschaft?

Weil sie heute quasi überflüssig geworden ist.
Früher, da hat man noch einander gebraucht.
Da war ein guter Nachbar etwas wert.
Der hat die Blumen gegossen
und die Post entgegengenommen,
wenn wir mal weg waren.
Der hatte natürlich einen Hausschlüssel von uns
und wusste, wo bei uns der Hammer hängt.
Man hat sich Obst und Gemüse
über den Zaun gereicht,
womöglich zusammen Marmelade gekocht.
Die Kinder haben zusammen gespielt
und Hausaufgaben gemacht.
Am Wochenende hat man sich beim Straßekehren
ausführlich über Gott und die Welt unterhalten.
Der Nachbar war verträglich,
war uns sehr ähnlich
und deshalb vertraut,
fast wie ein Freund
und sympathischer allemal
als so manche Verwandtschaft.

Aber das ist vorbei.
Er ist ja auch nie da,
kommt und geht zu den unmöglichsten Zeiten,
ist ganz und gar anders, irritiert alle Welt
und kümmert sich um nichts dabei.
Schade. Schade.

So einen braucht kein Mensch.
Der kann gerne woanders wohnen.
Tut er aber nicht.

Was machen wir?
Die Lösung des Problems ist
so nobelpreisverdächtig
wie einfach.
Sie lautet:
Da ich nicht nur Nachbarn habe,
sondern selber einer bin,
beginne ich heute
mit der Verbesserung des Images
und fange wieder an zu grüßen,
streichle den Hund von Weitem,
frag nach dem werten Befinden,
und wenn es gut läuft,
werde ich am Ende sogar
dem alten biblischen Ratschlag folgen,
der da heißt:

Liebe deinen Nachbarn
wie dich selbst.

Ich bin gespannt,
wie lange es dauert,
bis er 's merkt.

Tohuwabohu

Tohuwabohu –
wissen Sie, woher das kommt
und was das meint?
Tohuwabohu:
Das sagen wir ja manchmal,
wenn wir
womöglich mühsam
die Tür zum Kinderzimmer aufgestemmt haben,
oder beim Blick in die Küche
oder auf den Schreibtisch
oder beim Suchen im Werkzeugkasten,
wie auch immer …

Das gibt es ab und zu,
das Tohuwabohu.
Das Wort ist hebräisch
und es steht ganz am Anfang unserer Bibel,
gleich im allerersten Satz
hat es Platz,
als Gott nämlich
den folgenschweren Entschluss gefasst hat,
die Schöpfung zu erschaffen.

Und als er gerade damit angefangen hat,
war es erst mal gar nicht so aufgeräumt
und gut sortiert,

sondern es heißt gleich
klipp und klar,
wie es war
am Anfang:

„Am Anfang schuf Gott Himmel und Erde –
und die Erde war
tohuwabohu."
Wörtlich:
„wüst und leer".
Wirr und durcheinander.
Es war ungemütlich
und wenig wohnlich.

So war das am Anfang.
Und das ist –
man höre und staune –
doch keinem Geringeren als Gott selbst passiert.
Das erste Tohuwabohu
hat er persönlich fabriziert.
Tohuwabohu ist also seine Erfindung
und nicht unsere.
Wie gut! Wie gut!

Wohlgemerkt hat er das dann nicht alles so
stehen und liegen lassen,
und, wie wir wissen,

alles ganz wunderbar ordentlich geordnet,
so weit das nachhaltig möglich war.

Aber immerhin,
das macht doch Mut,
finde ich.
Gott hat
aus dem Tohuwabohu am Anfang
doch noch was ganz Ordentliches gemacht.

Warum sollte uns das
mit Gottes Hilfe
nicht auch noch
gelingen.

Fabelhaft

Einmal ging unter den Tieren
die denkwürdige Frage um:
Was ist eigentlich das Menschliche
an den Menschen?
Gibt es einen Grund,
nicht nur Angst vor ihnen haben zu müssen?

Die Tiere wollten es einfach nicht glauben,
dass Gott ausgerechnet der so genannten
Krone der Schöpfung
so wenig krönende Eigenschaften
gegeben haben könnte.

Lange wollte ihnen aber
einfach nichts Entwarnendes einfallen.
Im Gegenteil.
Alles sang und klang schaurig traurig,
als sie ihre Urteile und Vorurteile zusammentrugen:

Die diebische Elster zum Beispiel behauptete kühn:
„Die Menschen klauen einfach alles, was glänzt!"

Der Rabe senkte Schnabel und Stimme und sprach:
„Die Menschen sehen alles rabenschwarz!"

Der Eintagsfliege war es eilig festzustellen,
dass die Menschen überhaupt gar keine Zeit hätten.

Die mit den Geweihen votierten einstimmig,
man habe genau beobachtet,
dass sich die Menschen vornehmlich
gegenseitig auf die Hörner nähmen.

Das Faultier gähnte unvergleichlich ansteckend
und sagte, ehe es einschlief:
„Die Menschen schaffen zu viel
und schlafen zu wenig!"

Die Schnecke kam im Schneckentempo,
was man ihr nicht weiter übel nahm,
und flüsterte erschöpft:
„Die Menschen sind mir einfach zu schnell!"

Die Tiere hatten fast alle Hoffnung aufgegeben,
etwas zu finden,
was den Menschen irgendwie ungefährlicher
und sympathischer machte.

Da schwebte die Nachtigall herab,
eindrucksvoll wie immer,
landete sachte,
räusperte sich vielsagend
und sprach:

„Freunde, seid beruhigt,
die Menschen singen!
Es gibt Zeiten,
da sehen die Menschen nicht nur schwarz,
da nehmen sie sich nicht fortwährend auf die Hörner
und auch nicht alles weg, was glänzt.
Es gibt Zeiten,
da machen sie langsamer,
ruhen sich aus
und sind friedlich beieinander.
Und das passiert,
wenn sie singen und musizieren.

Sie machen nicht nur Krach,
sie machen auch Musik!

Einfach fabelhaft!"

Schild-Bürger

Nirgendwo auf der Welt
gibt es so viele davon
wie bei uns.
Überall stehen sie
dumm rum.
Die Schilder.
420 verschiedene.
Kreuz und quer
für den Verkehr.
Mehr als 20 Millionen
am Straßenrand.
Alle 28 Meter eins.
Statistisch gesehen.

Unfälle passieren trotzdem.
Fehler sowieso.
Und Disziplin ist eher selten.

Die Psychologen lügen nicht,
wenn sie behaupten:
Je mehr man den Menschen
reglementiert und kommandiert,
umso eher wird er
zum Schildbürger.
Macht er dumme Dinger.
Schaut er zum Beispiel

mehr auf die Schilder
als auf die nasse Straße.

Aber Aufmerksamkeit und Rücksichtnahme
lassen sich nicht vorsichtshalber schildern.

Deswegen hat man auch
in verschiedenen europäischen Städten,
in Holland, Dänemark, Belgien,
England und Deutschland,
angefangen aufzuhören
mit dem Schilderwald.

Und siehe da:
je weniger Schilder,
desto mehr Achtsamkeit.
So das vorläufige Ergebnis.
Kaum noch Unfälle,
viel mehr Freundlichkeit
hinsichtlich des Verfahrens
auf und an den Straßen und Gassen.

Und jetzt wird wieder einmal klar
und wahr,
was Gott der Herr
im Schilde geführt haben muss,
als er seinem ersten Verkehrsminister Mose
nur zehn Regeln mitgegeben hat

für überall
in Berg und Tal.

Damit wir uns alles Wichtige
an unseren zehn Fingern
abzählen können.

Weil es so einfacher zu handhaben ist.
Weniger ist mehr!
Zu viele Anweisungen
sind verkehrt.

Und darum,
so vermute ich,
hat Jesus das Ganze
nochmals vereinfacht
und zusammengefasst.
Nur noch ein einziges Schild
stellt er auf
und da steht drauf:

Liebe!

Und jetzt:
Folgen Sie bitte
dieser Beschilderung!

Der Glückliche

Kennen Sie zufällig Eutychus?
Das ist ein kaum beachteter junger Held
in der Bibel.
Ein Modellathlet
für den Umgang mit der Langeweile,
sozusagen ein wunderbares Fallbeispiel –
im wahrsten Sinne des Wortes.
Weil er vor lauter Langeweile
von der Fensterbank gefallen ist.
Und das bei einem Gottesdienst.
Da hat Paulus über alles gepredigt,
worüber man so predigen kann.
Über Gott und die Welt.
Und das hat gedauert – stundenlang!
Eutychus ist darüber eingeschlafen.
Und weil die Fensterbank,
auf der er sitzt,
ziemlich hoch ist,
tut es plötzlich einen Schlag,
als er im Schlaf runterfällt.
Da sind plötzlich alle hellwach
und erschrocken,
laufen und sehen nach,
was passiert ist.
Der junge Mann ist tot.
Jetzt mag man auch eher verstehen,

was in etwa gemeint ist,
wenn sich jemand
zu Tode langweilt.
Aber Eutychus
würde nicht Eutychus heißen,
das heißt so viel wie
der Glückliche,
wenn er nicht am Ende doch
mit dem Schrecken davonkäme.
Denn Paulus hat
Gott sei Dank
nicht nur die Gabe,
lange beim Predigen zu verweilen,
sondern auch kurz zum Leben
zu erwecken.

Von katholischer Seite,
so habe ich jetzt erfahren,
wird augenblicklich in Erwägung gezogen,
Eutychus zum Schutzpatron
aller Kirchenschläfer zu ernennen.

Das finde ich wunderbar.
Das kann ich nur unterstützen.

Eutychus – was für ein Glücksfall!
Er könnte uns Kirchenleuten und allen,
die gerne predigen

über Gott und die Welt,
ein mahnendes Beispiel sein,
dass wir mehr an die Leute denken,
die uns schon eine ganze
lange Weile
nicht mehr zuhören,
ja, die womöglich schon
weg vom Fenster
sind,
weil es ihnen einfach zu lange dauert,
oder
weil da zu viel geredet
und
zu wenig gesagt wird.

Namhaft

Gefällt Ihnen eigentlich Ihr Name noch?
Finden Sie ihn auch schön?

Was mich betrifft,
so hat mich schon immer zweierlei stutzig gemacht:

Erst mal ist mir als kleiner Junge aufgefallen,
dass mich die Leute im Dorf,
wenn sie wissen wollten,
wer ich bin,
nie nach meinem Vornamen gefragt haben,
sondern danach,
zu wem ich denn gehörte.
„Wem gehörst denn du?",
haben sie gefragt.
„Burgdörfers!",
habe ich brav geantwortet.
Mein Vorname kam da also gar nicht ins Spiel.

Und später dann
wurde ich zunehmend nachdenklich,
weil ich einfach keinen traf,
der so hieß wie ich.
Und eins kann ich sagen:
Mit Seltenheitswert
bekommt man seinen Namen

nicht gerade gut in den Griff.
Wie dem auch sei.
Wir suchen uns halt unsere Namen nicht aus.
Und wir müssen eben mit ihm leben.
Das heißt, wenn's ganz schlimm kommt,
wie bei der neunjährigen Neuseeländerin
Tatula Does The Hula From Hawaii,
dann kann auch mal eine Befreiung passieren.
Höchst richterlich.
Das Mädchen
Tatula tanzt den Hula von Hawaii
wollte einfach nicht länger so heißen,
weil sie ständig gehänselt wurde
und sich gar nicht mehr vor die Tür getraut hat.

In der Tat kann man in Neuseeland seine Kinder
nach der nächsten Bushaltestelle,
seiner Zigarettenmarke
oder mit Kraftausdrücken benennen.
Unglaublich,
was Eltern damit ihren Kindern antun.

Da bin ich mit meinem
Namen noch gut bedient.
Und Sie auch.
Egal, wie Sie heißen.
So schlimm wie der Hawaii Hula
kann das gar nicht sein.

Und außerdem,
zur Beruhigung
sei Ihnen für alle Fälle eins gesagt:

Gott selber ist da gar nicht so empfindlich.
Er entscheidet sich nicht für oder gegen uns,
je nachdem,
ob wir einen schönen
oder weniger schönen Namen haben.
Die Bibel gibt da ganz klar Entwarnung
und berichtet,
dass Gott sagt:

„Fürchte dich nicht;
denn ich habe dich
bei deinem Namen gerufen;
du bist mein!"

Gott scheut sich also nicht,
jeden Namen auszurufen,
um uns zu seinen Kindern zu ernennen.
Und da ist ihm jeder Name recht.
Auch meiner
und Ihrer.
Also können wir ihn auch behalten.
Das ist womöglich auch besser so,
damit's dann im Himmel
keine Verwechslungen gibt.

Und was
Tatula Does The Hula From Hawaii
betrifft,
da wird –
ich bin mir sicher –
selbst Gott
ein Einsehen haben.

Dankquote

So unberechenbar das Leben auch ist,
manche Dinge kann man sich
an seinen zwei Händen abzählen.

Zum Beispiel,
wenn es um das Verhältnis von Bitten und Danken
geht.
Das geht nach einer biblischen Hochrechnung
9:1 aus.

Jesus trifft jedenfalls zehn Männer.
Die sind krank.
So krank, dass sie außerhalb
der Gemeinschaft der Gesunden leben müssen.
Evakuiert, isoliert, ausgesetzt.
Aussätzige nennt man sie deshalb auch.
Ihre Hauterkrankung gilt als unheilbar
und hoch ansteckend.
Deshalb müssen davon Betroffene Abstand halten
und Begegnungen mit Gesunden vermeiden.

Heute im Zeitalter der modernen Medizin
schütteln wir darüber nur den Kopf.
Aber auch heute schützt sich die Welt der
Unversehrten
vor anderer Beschwerden.

Damals schaffen es aber die zehn aussätzigen Männer
irgendwie doch,
in die Rufweite von Jesus zu kommen.
Und sie schreien sich das Herz aus dem Leib,
wollen um Gottes willen Hilfe.

„Jesus, lieber Meister,
erbarme dich unser!"

Beim Bitten um Hilfe
schreien die zehn
wie aus einem Mund:
„Mach uns gesund!"

Und Jesus reagiert spontan,
unkompliziert, direkt.
Ohne Kommentar und umständliche Erklärung
schickt er sie alle geradewegs zum Gesundheitsamt.
Dort sollen sie sich zeigen
und die Erlaubnis abholen
zur Rückkehr in ihre Familien.

Und sie vertrauen der Stimme Jesu,
fraglos gehen sie zum Tempel,
dorthin, wo die Priester sind,
die über ihren Gesundheitszustand befinden.
Sie zögern keinen Augenblick,
sie folgen dem Aufruf ohne Bedenken.

Und tatsächlich:
Sie werden wieder angesehene Leute,
sie bekommen die Rückfahrkarte ins Leben,
sie dürfen wieder eintauchen in die Normalität
des ganz unspektakulären Lebens.

Und es geht ihnen wie uns allen:
Kaum sind wir gesund,
haben wir schon die Schmerzen vergessen,
das Leid der vergangenen Tage verdrängt.
Nichts geht schneller
als die Rückkehr in das liebe Leben.
Und schon verlaufen sie sich.
Schnell sind sie wieder untergetaucht,
verschwunden im Alltagseinerlei.
Und alles geht seinen gewohnten Gang entlang.

Aber einer der zehn
macht noch einmal kehrt,
kommt noch mal zurück,
erinnert sich
und vergisst nicht,
wer ihm Gutes getan hat.
Es ist ein Samariter,
ein ausländischer Anderer.
Der kommt zurück zu Jesus,
kniet sich vor ihn hin und dankt!
Jesus fragt:

„Wo sind die neun anderen?"
Der eine weiß es nicht.
Er kann nur für sich selber danken.
Und das tut er glaubensvoll.

Undank ist der Welt Lohn.
Damit ist weiterhin zu rechnen.
Es sei denn,
einer von uns
erinnert sich auch,
was er
wem
zu verdanken hat.

Das würde natürlich die Quote verbessern.

Umdenken

„Was wird aus mir?"
Das ist ja mehr
als eine Frage nach der Zukunft
und der Karriere.
Das ist eher
eine bange und böse Erwartung,
die mit allem rechnet,
nur nicht mit was Gutem.

„Was wird aus mir?"
Und zwar:
Angesichts der schlechten Bedingungen,
der schlimmen Zustände
und der bescheidenen Voraussetzungen –
was kann da schon aus mir werden?
Wohin führt das alles noch,
wenn es
so weitergeht?

Wir sind alle verunsichert
und vorsichtig,
denn: die Sicherheitsvorkehrungen
sind auch nicht mehr das,
was sie mal waren.

„Was wird aus mir?"
Wenn ich älter werde.
Wenn ich alleine bin irgendwann.
Wenn ich keine Arbeit mehr habe.
Wenn ich nicht mehr kann, wie ich will.
Wenn meine Augen, meine Beine, meine Gesundheit
nicht mehr mitmachen.

„Was wird aus mir?"
Wenn die Kinder ihre eigenen Wege gehen.
Wenn wir uns aus den Augen verlieren.
Wenn die Eltern nicht mehr leben.
Wenn die Schulden zu sehr belasten.

Wenn uns diese Last nicht
jede Lust am Leben verderben soll,
dann brauchen wir einen ziemlich
heftigen Gegenentwurf,
eine totale Offensive der Hoffnung
und eine unglaublich zuversichtliche Zuversicht.

Und die kann uns allein geschenkt werden
aus dem Glauben an einen Gott,
dem wir nicht egal sind,
der sich um unsere Sorgen sorgt
und um unseren Kummer kümmert.

„Alle eure Sorge werft auf ihn;
denn er sorgt für euch!",
sagt die Bibel.

Kein Entsorgungsprinzip der Welt
bringt das fertig,
was Gott allein für uns tun kann.

Darum lautet die Gegenthese von
„Was wird aus mir?":
„Aus mir wird was!"

Um Gottes willen jedenfalls
ist nicht vorgesehen,
dass wir untergehen.

Bis auf Weiteres ist noch offen,
was aus uns wird.

Gottes Zuständigkeit für diese Frage
soll uns gelassener machen
und ein bisschen heiterer auch.

Es ist noch nicht heraus,
was aus uns wird.

Aber wenn wir bis in den Himmel wachsen sollen,
dürfen wir unsere Erwartungen nicht zu tief hängen.

Fliegender Koffer

Da hat es einen Koffer gegeben.
Und der ist verloren gegangen.
Jemand hat ihn fallen lassen.
Das Ganze wäre nicht so spektakulär,
wenn es nicht im Weltall passiert wäre.

Eine US-Astronautin,
so stand in der Zeitung,
hatte bei einem Außeneinsatz
an der Internationalen Raumstation ISS
geschraubt.
Und dabei entglitt ihr die Werkzeugtasche.
Seither fliegt sie rund um die Erde,
falls sie es noch tut.
Kann auch sein,
dass sie inzwischen jemandem
aufs Dach gefallen ist,
oder im besten Falle wird sie,
wie Experten vermuten,
längst verglüht sein.
Wer weiß.

Da muss man vorsichtig sein.
So schnell kann einem was entgleiten
und davonfliegen,
und niemand kann es so einfach wieder

37

aus der Welt schaffen.
Es fliegt den anderen um die Ohren
und niemand weiß,
was noch damit geschieht.

Was haben wir nicht schon alles
fallen lassen.
Nicht nur Schrauben und Schlüssel,
nicht nur Taschentücher und Sammeltassen,
sondern auch
böse Worte
zum Beispiel.

Und kaum,
dass sie uns entglitten waren,
sind sie auch schon davongeflogen
auf irgendeiner Umlaufbahn,
haben sich dann herumgesprochen
und haben dem einen oder anderen
Kopfzerbrechen gemacht.

Es kommt immer wieder vor,
dass wir nicht alles so fest im Griff haben,
richtig handhaben, festhalten.
Manchmal rutscht uns was weg
oder raus
und schon fliegt es uneinholbar davon.
Zurücknehmen ausgeschlossen.

Da haben wir schon so manchen Koffer gepackt
und dann fliegen lassen.

Wenn man sich vorstellt,
wie die alle im Weltall um uns kreisen.
Wenn uns da mal nicht irgendwann allerhand
Vorwürfe aus heiterem Himmel treffen
und betroffen machen.

Da liegt im wahrsten Sinne allerhand in der Luft.

Wie gut,
dass sich unser Gott schon mal vorsichtshalber
vorgenommen hat,
einen Schutzschild zu bilden
und unser persönlicher Abwehrchef zu sein.

Sodass ein Psalmbeter
schon vor Tausenden von Jahren
beten konnte:

„Von allen Seiten umgibst du mich
und hältst deine Hand über mir."

Wackelkandidat

Schwanken Sie auch manchmal so hin und her?
Sind Sie sich auch nicht immer sicher,
was zu tun und zu lassen ist?
Können Sie auch manchmal
besser zweifeln als glauben?

Ich bin so ein Wackelkandidat.
Ich schwanke immer wieder ziemlich
hin und her.
Immer muss ich erst herausfinden
und ausbalancieren,
wo meine Mitte ist.

Lange Zeit habe ich gedacht,
dass das eine Schwäche sei.
Ja, ich war oft ärgerlich über mich selber,
dachte,
man müsse doch,
um in dieser Welt ernst genommen zu werden,
mit der Zeit sicher
und fest im Leben stehen
und auf möglichst alle Fragen
eine klare Antwort haben.

Und ich habe mich oft auch beeindrucken lassen
von Leuten,

die sich ihrer Sache immer ganz sicher waren
und alles andere als Schwankungen
in ihrer Einschätzung zuließen.

Dann bin ich mal mit
auf einem Kirchturm gewesen.
Bei einer Führung war das,
glaube ich.
Und da standen wir ganz oben,
schauten über die Dächer der Stadt,
und auf einmal fing es an zu läuten.
Ziemlich heftig,
mit allem,
was bimmeln kann,
bis ich Bammel bekam.
Ich lehnte mich nämlich so ans Geländer
und hing meinen Gedanken nach,
bis ich plötzlich hellwach spürte,
wie es zu schwanken begann,
das Geländer,
ach, was sag ich,
der ganze Turm.

Und ich erschrak dermaßen damals
und schaute mich ängstlich um.

Da sprach mich einer an,
der Ahnung hatte
vom Bauen
und vom Schwanken,
und wir unterhielten uns:
Ich über die Panik
und er über die Statik.

Und was ich da gelernt habe,
das hilft mir noch heute,
wenn ich ins Schwanken komme:

„Seien Sie froh,
dass der Turm so schön schwankt",
sagte der Mann ruhig.

„Würde er das nicht tun,
würde er zusammenfallen,
könnte er die Wellen nicht auffangen
und aushalten.
Nur was schwankt,
steht auch fest!"

Das hab' ich mir gemerkt.
Weil es so hilfreich ist
für alles,
was ich aufbauen möchte
in meinem Leben.

Weil es eben immer wieder vorkommt,
dass es wackelt und schwankt,
das Lebenshaus.

Inzwischen betrachte ich mich
als Wackelexperten,
als Fachmann für das schwankende Leben,
und denke dankbar an die Turmbesteigung zurück.

Nur was wackelt, kann auch stehen bleiben,
kann aushalten,
dass es im Leben hin- und hergeht
und nicht einfach feststeht.

Die Bibel sagt,
dass Gott es ist,
der wankende Knie fest machen will.

Gut zu wissen …

Das rechnet sich

Religion gut,
Kopfrechnen schwach.
Das trifft schon seit meiner Schulzeit zu
auf meine Kompetenz
im Umgang mit Zahlen.

Aber die biblischen Zahlenspiele,
die mag ich.

Zum Beispiel die Geschichte
vom maximalen Verzeihen.
Da geht es darum,
wie oft man einander vergeben soll.
Jesus wird das von den Leuten gefragt:
„Sag mal,
wie oft muss man eigentlich vergeben?
Wann ist es genug?
Was ist sozusagen das Höchstmaß an Toleranz und
Nachsicht?
Und ab wann darf das Fass überlaufen?"

Um die Sache gar nicht erst zu einfach zu machen,
bieten die Fragesteller schon mal als Mindesteinsatz
eine ganz schöne Zahl an.
Sie sagen: Reicht es siebenmal?
Sieben auf einen Streich,

sieben Tage,
sieben Brücken,
sieben Zwerge, sieben Berge –
die Sieben ist eine ganz starke Zahl,
märchenhaft und mythenschwer.
Siebenmal verzeihen –
das ist nicht wenig,
das ist sogar sehr viel,
fast vollkommen,
mehr, als man erwarten kann.

„Also Jesus,
ist es nicht enorm,
wenn wir es siebenmal gerade sein lassen
und vergeben und verzeihen?
Was meinst du,
wäre das nicht schon eine Maxiversion
von gutem Willen und echter Toleranz?"

Und da nimmt sich Jesus
diese Neunmalklugen
zur Brust
und kontert dermaßen stark,
dass einem die Siebener-Nummer
nur noch so um die Ohren fliegt.
„Nicht siebenmal!",
sagt er,
„sondern siebenmal siebzigmal!"

Also,
immer noch
und immer mehr
und eigentlich unendlich viel
sollt ihr einander vergeben
und von vorne anfangen
und es noch mal probieren.
Hört auf, einander vorzurechnen
und nachzutragen,
was ihr wann schon großmütig hingenommen
und ertragen habt.
Rechnet euch nicht ständig aus,
wer von wem
wie viel guthat
und wo noch eine Rechnung zu begleichen ist.
Rechnet nicht ab miteinander,
sondern rechnet euch gegenseitig hoch an,
dass es siebenmal siebzigmal wert ist,
einander mit Verständnis und Respekt zu begegnen.
Stellt einander kein Ultimatum
und gebt einander immer noch eine extra Chance.
Nicht willenlos,
nicht unterwürfig,
nicht dem Schicksal ergeben,
aber mit der starken Schwäche
für Veränderung von Festgefahrenem.

Dass wir womöglich doch auch noch anders können
im Umgang miteinander.
Das rechnet sich nämlich am Ende.
Da kommt womöglich ein gutes Ergebnis raus.
Das lässt sich in Zahlen gar nicht mehr fassen.
Das ist unzählige Male schon bewiesen.
Das endet schließlich immer im Plus.
Da gibt es keine Verlierer,
da gewinnen alle was.

Heimzahlen ist vorbei.
Vor allem sich selbst.
Siebenmal siebzigmal aufeinander zählen können,
das ist im Kommen.

Ab heute heilig

Willkommen zur Heiligsprechung!
Ich freue mich,
dass Sie so zahlreich erschienen sind,
um diesen großen Tag zu feiern.
Ihre Heiligsprechung ist heute dran.

Das kommt mir aber plötzlich,
werden Sie vielleicht sagen.
Darauf war ich gar nicht gefasst.
Vielleicht wollen Sie auch gar nicht heilig sein.
Wer weiß …
Macht nichts!,
sage ich,
irgendwann kommt jeder dran.

Sie brauchen nicht zu erschrecken.
Wir tun gewiss jetzt nichts Unanständiges,
auch nichts Katholisches,
was – wie ich ausdrücklich betonen möchte –
nicht dasselbe ist.

Mag sein,
dass Sie heute gedacht haben,
heilig, das könne man nur sein,
wenn man wahre Wunderdinge vollbracht hat,
sodass man in seiner Umgebung

weltberühmt geworden ist,
und wenn man auch noch
ziemlich arg lange
mausetot ist.
Nur dann könne man
unter umständlichen Umständen
mal heiliggesprochen werden,
was aber für einen Normalsterblichen
eher unwahrscheinlich ist
und bleibt.

Sehen Sie,
so kann man sich irren.
Irren ist menschlich –
und nie waren wir so menschlich wie heute.
Heute meinen nämlich die Leute,
dass überhaupt nichts mehr heilig ist.
Noch nicht einmal der heilige Gott,
den man immer mehr
für betörend harmlos
und für vergesslich hält.

Heilig ist noch nicht einmal der heilige Feiertag.
Bald werden sie uns,
wenn wir nicht aufpassen,
den Sonntag völlig verwerktagt haben.
Und an Heiligabend um sechzehn Uhr
wird irgendwann

der 1. FC Kaiserslautern gegen Mainz 05
oder, was noch besser wäre,
gegen Bayern München
auf dem heiligen Betzenberg
beinahe gewinnen.

Und niemand
wird sich mehr richtig aufrichtig aufregen.
Also, dass sie nicht gewonnen haben,
darüber schon.
Aber nicht,
dass es an Heiligabend
um sechzehn Uhr gewesen ist.

Uns ist bald nichts mehr heilig.
Noch nicht einmal das Entstehen von Leben.
Seit der Mensch zum Menschenmacher
geworden ist
und man demnächst sein Kind
im Katalog bestellen kann,
inklusive Augenfarbe und IQ dazu.

Noch nicht einmal mehr heilig
ist das Ende des Lebens,
das angeblich in selbst bestimmter Weise
zu bestimmen sein soll.

Die Grenzen der Machbarkeit aller Dinge
und vor allem aller Undinge
sind nicht mehr so heilig.

Nichts ist mehr so recht heilig.
Auch nicht die Würde des Menschen
an und für sich.

Was ist schon noch heilig auf dieser Welt?
Heilig im Sinne von:
Ehrfurcht haben davor,
sich scheuen, ihm etwas anzutun,
etwas ganz Wertvolles,
von Gott Geadeltes, Geheiligtes darin sehen
und es darum
für absolut schützens- und bewahrenswert halten?

Darum wird es höchste Zeit,
dass wir die Heiligsprechung
endlich vollziehen.

Denn „jeder Teil dieser Erde
ist unserem Gott heilig".
Jeder Mensch dieser Erde ist es auch.
Tatsächlich:
Wir sind in Gottes Augen heilig!
Wir müssen weder katholisch sein,
noch posthum in Verehrung oder gar Anbetung

in den Himmel gehoben werden.
Nein: Wir sind es schon hier und jetzt und heute!

Und weil Sie jetzt immer noch so ungläubig schauen
und sich wundern,
bringe ich Ihnen noch einen weiteren Beweis.
Den liefert kein Geringerer als der heilige eilige Paulus,
der Missionar unter den Missionaren.

Der hat ja allerhand Gemeinden gegründet
und schließlich auch die Nachricht von Jesus Christus
zu uns nach Europa gebracht.
Und wenn er dann die verschiedenen Gemeinden
im wahrsten Sinne
aus der Taufe gehoben
und auf die Beine gebracht hatte,
sie einigermaßen geschult,
sodass sie selbstständig geworden waren,
ist er weitergezogen
und hat dann allerhand Briefe geschrieben,
um den Kontakt nicht zu verlieren.

Mit Fernwärme
wollte er die Beziehungen warm und aufrechterhalten.
Und das ist ihm auch oftmals gut gelungen.

Und nun ist mir aufgefallen,
dass diese Briefe
meistens mit einer ganz bestimmten Anrede beginnen.
Er schreibt nämlich nicht einfach nur:
An die Leute in Rom!
An die Christen in Kolossä!
An die lieben Damen und Herren in Korinth!
An die Schwestern und Brüder in Ephesus!
Oder an die liebe Gemeinde in Philippi!

Sondern da heißt es dann
jeweils zu Beginn des Briefes:
An alle Heiligen in Christus Jesus in Philippi!
An alle berufenen Heiligen in Rom!
An die Heiligen in Kolossä!
An die Geheiligten in Korinth!
An die Heiligen in Ephesus!
Und würde er hierher einen Brief schreiben,
würde der beginnen mit:
An die Heiligen in …

Ja, meinen Sie denn,
dass die Leute
in Rom, Korinth oder Ephesus etwa besser,
frommer, anständiger gewesen sind als wir?
Keineswegs. Überhaupt nicht.
Ganz sicher waren die ganz normale Leute.
Die Inhalte der Briefe belegen das deutlich.

Da ging es mitunter auch drunter und drüber.
Da musste Paulus oft dazwischenfunken
und Ordnung schaffen und Regeln aufstellen,
um Schlimmeres zu verhindern.

Nein, die Sache ist ganz eindeutig.
Die Heiligen von damals waren nicht heilig,
weil sie einmalig heldenhaft und wunderbar
gewesen sind,
sondern weil sie „Geliebte Gottes in Jesus Christus"
waren,
wie Paulus sich ausdrückt.

Heilig ist,
wer zu Gott gehört.
Heilig ist,
wer sich zu ihm bekennt.
Heilig ist,
wer seine Taufe bejaht.
Heilig ist,
wer seinen Glauben glaubt
und seinen Zweifel zweifelt
und seine Hoffnung hofft
und seine Liebe lebt.

Heilig sind wir!

Da muss niemand drüber erschrecken.
Es kommt auch keiner heute
mit einem Heiligenschein nach Hause
und passt womöglich nicht mehr durch die Tür.
Stattdessen sollen wir uns selbst und einander
neu entdecken und achten und beachten als Leute,
denen Gott höchste Würde
und Beachtung schenkt.

Und jetzt kommen wir also
zum Höhepunkt der Feierlichkeiten.

Eine Heiligsprechung
heißt Heiligsprechung,
weil wir als Gottes Heilige sprechen.

Wir fangen mit der ersten Person Singular an.
Ich spreche es Ihnen einmal vor,
und dann versuchen wir es
ruhig und gefasst
gemeinsam.
Es gilt, nach Gottes Willen:

Ich bin Gott heilig!

Das ist Ihnen noch etwas unheimlich und fremd.
Das verstehe ich.
Seien Sie froh,

dass Sie dabei nicht auch noch
in den Spiegel gucken.
Das ist ja noch die einfachste Variante,
werden Sie gleich merken.

Ich bin Gott heilig!

Gut,
das mag ja noch irgendwie verständlich sein,
dass Gott von mir eine so hohe Meinung hat.
Da hätte er auch schon früher
drauf kommen können.

Was aber jetzt kommt,
das ist schon eher eine Zumutung,
denn es gilt auch für meinen Nachbarn,
meine Nachbarin.
Sehen Sie sich einmal im Geiste um,
suchen Sie sich eine oder einen aus
und sprechen Sie so:

Du bist Gott heilig!

Das war jetzt schon großartig!
Jetzt eine leichte Übung,
weil wir uns da ja schon fast einig sind:

Wir sind Gott heilig!

Damit ist die erste Hürde genommen.
Jetzt aber weiter im Text.
Und das ist die schwerste Version:
Sie meint nämlich, dass auch die anderen,
die so ganz anders sind,
die von auswärts und außerhalb
und irgendwo und anderswo,
die anders singen und klingen,
die anders beten und leben,
die anders tanzen und feiern,
dass die tatsächlich auch,
ja, wie soll ich's sagen,
halt heilig sind
unserem Gott.
Und darum sage ich:

Sie alle sind Gott heilig.

Geht doch.
Man muss uns ja nicht gleich anmerken,
wie viel Überwindung das gekostet hat.

Und jetzt kommt zum krönenden Abschluss
die Königsklasse der Heiligsprechung.
Wir handeln nach dem Motto:
„Wie Gott mir,
so ich dir!",
und drehen die Sache einfach um.

Dann heißt das –
und jetzt müssen Sie ganz stark sein:

Du bist mir heilig!

Jetzt ist nichts mehr, wie es vorher war.
Wir sind von Heiligen umgeben.
Das verändert die Lage total.
Die Achtsamkeit erreicht eine nie gekannte Quote,
die Wertschätzung überbietet sich selbst,
die gegenseitige Ehrerbietung kennt keine Grenzen.
Die Rücksicht
und Vorsicht
und Nachsicht
und Übersicht
wird nobelpreisverdächtige Dimensionen annehmen.
Erst recht,
wenn wir jetzt noch zwei Heiligsprechungen
hinzufügen und sagen:

Ich bin mir heilig!

Ja, sagen Sie es ruhig einmal.
Wann haben wir denn zuletzt so gut
mit und über uns selber gesprochen?
Das lässt natürlich alles
in einem völlig neuen Licht erscheinen.
Wenn ich mir selber heilig bin,

dann werde ich zukünftig
ganz anders mit mir
und mit meinem Körper,
meiner Zeit
und meinem Leben
umgehen,
viel bedachtsamer,
sanftmütiger,
liebevoller,
gottvoller,
sinnvoller.
Bestimmt!

Und am Ende
schließen wir diese Heiligsprechung
mit der größten aller Aussagen:

Gott ist mir heilig!

Und dieser Gott,
der Vater,
der Sohn
und der Heilige Geist,
der wird uns seinen Frieden schenken,
der höher ist als alle menschliche Vernunft,
und wird unsere Herzen und Sinne bewahren.
Das verspricht er uns heute
hoch und heilig.

Tränenreich

Es ist wirklich zum Heulen.
Aber die Statistiken
machen vor nichts
und vor allem
vor niemandem halt.
Was da so alles erhoben
und berechnet wird,
wer was wie viel und wie oft tut
oder lässt.
Unglaublich.

Jetzt gibt es eine neue Statistik
zum Thema Weinen.
Man hat errechnet,
wie, weiß ich nicht,
wie viele Tränen
ein Mensch bei uns
im Durchschnitt vergießt
in seinem Leben.
Es sind angeblich 69,5 Liter.

Das wirft natürlich Fragen auf.
Zum Beispiel:
Wie viele Tränen
geben überhaupt einen Liter?
Und wie hat man die Tränen

gemessen, gewogen,
aufgefangen, gesammelt?
Wie viele wurden davon gelacht
und wie viele wurden wirklich geweint?
Welche waren echt
und welche falsch?

Noch schwieriger wird die Sache zudem,
wenn man bedenkt,
dass die meisten Tränen alleine
und unter Ausschluss der Öffentlichkeit,
womöglich sogar im Dunkeln vergossen werden.
Oder nicht?
Die sind dann wohl alle gar nicht
in die Berechnungen mit eingeflossen.

Da kann man also schon seine Zweifel haben,
ob so eine Erhebung wirklich erheblich ist,
ob sie irgendetwas aussagt.

Außer, dass in der Tat
viel geweint wird in dieser Welt.
Statistisch muss das niemand untersuchen.
Das ist auch so schon schlimm genug.
Und außerdem ist es im wahrsten Sinne
überflüssig,
weil es nämlich längst
eine detaillierte Erhebung darüber gibt.˙

Und die findet
unter göttlicher Aufsicht sogar
direkt im Himmel statt.

Die Bibel sagt uns nämlich,
dass Gott unsere Tränen sammelt
wie in einem Krug.
Auch die,
die niemand sieht
und von denen niemand sonst was weiß.
Gerade die.

Weil die Tränen,
die wir weinen,
ja die Perlen unserer Liebe sind.
Die dürfen niemals verloren gehen.
Und sie tun es auch nicht.
Dafür sorgt Gott schon selbst.
Und das ist auch statistisch gesehen
signifikant viel wert.

Und noch mehr wert ist,
dass Gott sie nicht nur sammelt,
sondern auch abwischen wird.
Denn:
Was nützte es,
sie zu zählen,
wenn sie trotzdem quälen.

Kompliment

Wie wär's am End
mit einem Kompliment?

Ich hätte da eins für Sie.
Es ist ein etwas Ungewöhnliches,
und es mag sein,
dass Sie es gar nicht gleich
als solches verstehen werden.

Aber wenn man Komplimente machen will,
weiß man nie,
ob es gelingt.

Also wagen wir's!

Es handelt sich,
um das auch noch zu sagen,
um ein Kompliment aus der Bibel.
Die hat das Kompliment
im Sortiment.

Was ich Ihnen sagen möchte, ist:
Sie sind ein wunderbares Schaf!

Das finden Sie jetzt gar nicht so schmeichelhaft?
Das möchten Sie lieber von sich weisen?

Hat da gerade jemand sogar an Beleidigung gedacht?
Also, ich bitte Sie,
das dürfen Sie jetzt wirklich nicht denken.
Schafe sind doch großartige Tiere,
mächtig prächtige Geschöpfe.
Schafe sind Herdentiere mit Hörnern,
auf die sie sich auch nehmen können,
wenn es sein muss.
Sie können schwarz sein,
müssen es aber nicht.
Sie machen natürlich auch Mist
und große Sprünge,
kriegen sich mal in die Wolle,
und wenn sie irgendwo zu lange waren,
wächst da bald kein Gras mehr.
Aber ansonsten
sind sie wirklich wunderbar.
Vor allem,
weil sie so ein gutes Gehör haben.

Das Kompliment,
das Jesus macht,
heißt nämlich:

„Meine Schafe hören meine Stimme
und sie folgen mir
und ich gebe ihnen das ewige Leben!"

Will sagen:
Es ist dein Glück,
wenn du sein Schaf bist
und er dein guter Hirte.

Das Gute an einem guten Hirten ist nämlich,
dass er mitreisend ist,
selbst auf allen Wegen dabei,
durch finstere Täler sogar,
an schwierigen Kreuzungen vorbei,
und die Schafe,
die ihm gehören,
hören auf seine Stimme
und hören auf,
sich zu verlaufen.
Sie folgen ihm.

Der Herr ist mein Hirte,
der mich, sein Schäfchen,
bis nach Hause
ins Trockene bringen will.
So ist es gemeint,
das Kompliment,
ein Schaf zu sein,
vorausgesetzt,
man läuft nicht der falschen Herde
und den falschen Hirten hinterher.

Ich muss an ein altes Kinderlied denken,
das man mir mal beigebracht hat,
als ich noch kleiner als ein Schäfchen war.
Es fängt so an:
„Weil ich Jesu Schäflein bin,
freu ich mich nur immerhin
über meinen guten Hirten,
der mich wohl weiß zu bewirten,
der mich lieb hat und mich kennt
und bei meinem Namen nennt."

Kompliment an alle,
die davon
ein Lied singen können.
Schafe schaffen das!

Aberglaube

Sind Sie auch so *aber*gläubig?

Also, ich treffe ständig auf Leute,
die unglaublich *aber*gläubig sind.

Ich meine jetzt nicht
den Glauben an Horoskope, Pendel oder Karten.
Ich meine auch nicht das mit der schwarzen Katze
von links am Morgen
oder das mit dem Holz,
auf das ich klopfen muss,
damit nichts passiert,
toi toi toi ...

Ich meine den Glauben
an das
Aber.
Aber bei mir funktioniert das nicht!
Aber bei uns geht das immer schief!
Aber ich krieg' nie was davon ab!
Aber gewinnen tun immer nur die anderen!

Das ist der häufigste *Aber*glaube,
der Glaube an das Aber.
Zu sehen und zu wissen:
Es gibt schon einen Ausweg,

es gibt schon Hilfe,
aber halt nicht für mich.
Oder:
Klar lohnt es sich, zu hoffen
auf Wunder,
auf wunderbare neue Erfahrungen,
auf neue Chancen
trotz alledem, na klar!

Aber
nicht für mich!

In der Bibel gibt es solchen Glauben
an das große *Aber* auch.
Mehr als genug.

Zum Beispiel Sara.
Sara war Abrahams Frau.
Die war alt und hatte keine Kinder.
Und hatte deshalb auch keine Zukunft.
Da kommt Gott zu Besuch
und sagt:
„In einem Jahr komme ich wieder,
dann wirst du einen Sohn haben!"
Und Sara hört das,
lacht und wendet ein:

„Wunderbar, ein Sohn!
Aber
ich bin doch schon so alt!
Aber
das geht doch nicht!
Das ist doch zu spät ...“

Aber
Gott
schiebt diesen ganzen unseligen *Aber*glauben
zur Seite.
Und so kommt Isaak auf die Welt,
und es fängt eine neue Geschichte an,
und niemand hätte es für möglich gehalten.

Mag sein,
dass manche von uns ihre Lebenslage
oder die der ganzen Welt
für aussichtslos und ziemlich unfruchtbar halten,
mag sein,
dass sie kein hoffnungsvolles
Wachsen und Werden für die Zukunft sehen können ...
Mag sein,
dass Sie so denken wie Sara
und es geradezu lächerlich finden,
dass Gott daran was ändern kann.

Wer weiß …
Vielleicht schon in einem Jahr
oder früher
wird womöglich was auf die Welt kommen,
womit Sie nicht mehr gerechnet haben.

Mag sein, dass es eine schwere Geburt wird,
aber es wird was auf die Welt kommen
um Gottes willen.
Aber wie!

Millimeterarbeit

Die Welt ist vermessen.
Also, vermessen ist sie sowieso
immer wieder,
wenn sie nämlich anmaßend ist
und maßlos
und gottlos.
Aber das meine ich jetzt nicht.

Die Welt ist vermessen – in dem Sinne,
dass man sie mal wieder
ausgemessen hat.
Ein paar Wissenschaftler der Uni Bonn
haben das gemacht,
weil mal wieder Unklarheit darüber bestand,
wie groß
und hoch und tief
und lang und breit sie ist.
Das Ergebnis ist ernüchternd:
Der Erddurchmesser beträgt
fünf Millimeter weniger als bisher angenommen.
Die Welt ist kleiner, als wir dachten.
Wir müssen schon wieder umdenken.
Wir sind noch weniger umfänglich als angenommen.

Im Hinblick auf das Weltall
und seine unendlichen Weiten

sind wir sogar nur ein bescheidenes Körnlein.
Wir sollten darum nicht so vermessen sein.

Die Welt ein Dorf,
alles ganz nah beisammen,
alles überschaubar und eng –
und trotzdem ständig Grabenkämpfe
und Streit weit und breit
um Hoheitsgebiete.

Die Amerikaner haben vorsichtshalber
vor Jahren schon
ihre Flagge auf dem Mond gehisst.
Die Russen die Ihrige
auf dem Meeresboden der Antarktis.
Und überall verteidigen und vermessen die Menschen
ihre grenzenlosen Bedürfnisse
nach Herrschaftsgebieten
und Hoheitsterrains.

Weil alle einen Ort brauchen,
einen Bezug,
eine Heimat,
einen Platz.
Weil alle Geborgenheit
und Schutz suchen
und Sicherheit
vor den anderen,

die so anders sind.
Auf der Stelle
wollen wir sicher und richtig
aufgehoben sein.
Darum sprechen wir auch so halbherzig
vom vereinten Europa
und so lokalpatriotisch
von der Selbstbestimmung
unserer Dörfer und Städte und Regionen
und Gemeinden und Kirchenbezirke.
Um sicher zu sein,
müssen wir uns erst einmal
bei uns zu Hause fühlen,
müssen wissen, wohin wir gehören,
wer wir wo sind.

Und dann erst können wir
aus einer sicheren geschützten Position
nach außen schauen und uns orientieren.

Das gilt auch für das Zuhause unseres Glaubens.
Die Kirche soll im Dorf bleiben.
Die Leute wollen Beziehung,
wollen ihre Kirche im Dorf.
Ob sie in die Kirche kommen oder nicht.
Es ist das Haus für alle.
Da sind wir uns einig.
Weil wir hier unter diesem Dach zu Hause sind,

weil unser Glaube wohnhaft sein will,
einen Platz braucht, ein Heimatrecht.
Das Gebet will wohnen,
will anwesend sein,
will Gemeinschaft.
Der Ort, wo Gottes Ehre uns anbeten macht,
braucht eine Hausnummer.
Und darum ist es auch
in der Tradition des jüdischen Volkes
eine immer wiederkehrende Frage,
wo man beten soll und kann,
wo Gottes Anwesenheit garantiert ist.

Und es nimmt kein Ende,
das Streiten um den rechten Ort.
Ist er nur in Jerusalem,
geht das nur im Tempel
oder ebenso an anderen Orten außerhalb?

Auch der Glaube hat eine Landkarte.
Und da klärt Jesus auf,
sitzt am Brunnen,
sprengt alle Regeln,
spricht mit einer Frau,
sogar einer Samariterin
immerhin,
bricht Tabus
und alte Vorbehalte.

Himmlischer Erdkundeunterricht.
Wer macht es wo und wie
mit dem Glauben richtig?
Wo berühren sich Himmel und Erde?
Jesus antwortet ungeniert kompliziert:
Natürlich ist es zuerst das Gottesvolk Israel,
das seinen einen Gott anbetet.
Da kommt alles her.
Aber da muss nicht alles hin.
„Gott wohnt, wo man ihn einlässt."
Am herzallerliebsten in den Herzen!
Gemeinsame Wurzeln zu haben
für den Glauben an den Gott
Abrahams, Isaaks, Jakobs und Jesu,
das schließt nicht aus,
dass wir wie ein großer Baum
sehr verzweigt und unterschiedlich
in den Himmel wachsen.

Damit wird die jeweils eigene Verortung nicht
unwichtig,
aber sie wird relativ und persönlich,
sie wird eigenartig,
aber nicht einzigartig.
Wir kommen aus der einen Schöpferhand
und gehen auf sehr unterschiedlichen Wegen
himmelwärts.
Und alles kommt darauf an,

dass wir mit dem Herzen dabei sind.
Dann wird der Ort egal.
Dann sind Geist und Wahrheit wichtig.
Dann kann überall und jederzeit
angebetet werden.
In der Kirche und außerhalb.
Hauptsache, es wird gebetet
und du findest deinen Platz dazu.

Der Gott und Vater Jesu Christi jedenfalls
wird sich keinem verweigern,
wird sich begeistern lassen
für eine lebendige Beziehung,
die zappelt und zieht.

Er wird sich von niemandem einsperren lassen
und sich auch gewiss nicht die Ohren zuhalten,
wenn andere,
die anders sind
und anders glauben
und beten
und singen,
zum Lobpreis anheben
und vom Geist der Wahrheit singen.
Jedes Mal,
wenn unsere Erde wieder mal vermessen wird
und sich wieder und wieder
ihre kleine Größe herausstellt,

jedes Mal,
wenn wir näher zusammenrücken
und einander in unserer Verschiedenheit
zugemutet werden,
jedes Mal dann
wird sich entscheiden,
ob wir die Größe haben,
uns für relativ zu halten
und das Beten der anderen
wertzuschätzen,
ohne das eigene
zu vernachlässigen.

Unter dem Regenbogendach der Liebe Gottes
gibt es viele Wohnungen,
viele Orte,
viele Brunnen und Quellen
des Glaubens.
Und sie alle sind unserem Gott heilig,
wenn wir an ihnen einander hoch und heilig
den Frieden erklären.

Einheit in Vielfalt aushalten und gestalten,
das wird eine der Zukunftsaufgaben
auf unserem kleinen blauen Planeten sein.
An allen Orten,
die auf Gottes Landkarte sind.
Und das wird Millimeterarbeit!

Schäfchen zählen

Jesus muss seinen Spaß gehabt haben
an skurrilen Geschichten.
Vor allem,
wenn sie weder vernünftig
noch fromm,
weder logisch
noch theologisch waren,
schon gar nicht mehrheitsfähig,
sondern ungewöhnlich,
unerwartet auch,
unglaublich jedenfalls.
Eine von diesen Geschichten
handelt von hundert Schafen.
Schwarzen und weißen.
Die gehören einem Hirten,
zu hundert Prozent.
Eines Tages, beim Abzählen,
stellt er fest:
Es fehlt eins!
Nur noch 99 sind da.
Und obwohl Schäfchenzählen
sonst als beste Einschlafmethode gilt,
wird dieser Schäfer davon hellwach
und beschließt,
die neunundneunzig zurückzulassen,
um das eine Verlorene zu suchen.

Da wette ich 99:1,
dass alle Leute nur noch mit dem Kopf geschüttelt
haben.
Den Hirten möchte ich sehen,
der seine ganze Herde
sich selbst überlässt,
um ein einziges schwarzes Schaf zu suchen.
Selber Schaf!,
werden die Leute gedacht haben.
Wie verrückt,
wie unverantwortlich,
die ganze Herde zu gefährden,
nur um das eine wiederzufinden.
Das Risiko ist viel zu groß.
Am Ende verlierst du alles.
Schau auf das,
was dir geblieben ist,
sichere mit Verstand den Bestand.
Kein normaler Mensch lässt alles stehen und liegen,
nur um ein Prozent seines Besitzes zu suchen.
Kein normaler Mensch – mag sein,
aber Gott schon.

Siebengescheit

Zahlen können viel erzählen.
Zum Beispiel
über den Anfang der Welt.
Da ist nämlich die Zahl Sieben.
An der scheiden sich die Geister.
Ob Gott die Welt in sieben Tagen erschaffen hat,
inklusive Ruhetag
also gar in sechs,
oder ob sie sich in einer Evolution,
sozusagen von ganz alleine,
im Laufe von Jahrmillionen entwickelt hat.

Dieser Streit kommt immer wieder auf.
Und immer wird der Eindruck erweckt,
man müsse sich entscheiden
zwischen solidem Verstand
und naivem Glauben.
Man sei entweder aufgeklärt
oder unbelehrbar.
Mit Grips im Kopf
komme nur die Evolution infrage,
mit Brett vorm Kopf
nur die alte Bibelversion.

Und so geht es hin und her.
Dabei hat die Schöpfungsgeschichte der Bibel

noch nie beschreiben wollen,
was wissenschaftlich wie genau geworden ist.
Sie war von Anfang an
ein Glaubensbekenntnis, eine Hymne
auf den Schöpfer.

Nicht
wie geschaffen
und
wann geschaffen,
sondern
von *wem* erschaffen.
Das allein ist ihr Thema.

Gott hat alles gemacht!
Wir sind darum gemachte Leute.

Das ist alles.
Und wenn Gott
der allmächtige Schöpfer von allem ist,
von allem, was es alles gibt,
dann ist auch alles möglich.

Sogar diese unmöglich wunderbare Welt
mit all ihren Rätseln,
wie auch immer sie geworden sind.
Darum legt sich die Bibel selber
auch gar nicht auf irgendeinen Zeitraum fest.

Wie könnte sie das.
Wer hat jemals dem lieben Gott die Zeit gestoppt?
Wer könnte dem Schöpfer der Zeit sagen,
wie viel Uhr es ist?
Vielmehr sagt die Bibel,
dass bei Gott
ein Tag wie tausend Jahre ist,
dass die Uhr bei ihm also ganz anders tickt
als bei uns,
und dass es deshalb völlig unmöglich bleibt,
sein Handeln nach der Stechuhr einzuteilen.

Entscheidend ist,
dass ER
alles verantwortlich gewollt und gelenkt hat.
Und je mehr und je weiter voran die Wissenschaft
dringt,
umso größer wird unser Staunen.
Je mehr wir wissen
vom Geheimnis des Lebens,
umso tiefer können wir glauben,
dass es einen Grund, einen Ursprung,
einen Anfang und ein Ziel für diesen Kosmos gibt.
Dass wir kein Zufall sind,
sondern gewollt und gerufen.
Im Übrigen sei allen,
die meinen,
Evolution und Schöpfung,

das ginge nicht zusammen,
gesagt,
dass die Abläufe
und die Übergänge der Schöpfungsgeschichte
in verblüffender Weise
mit der Schrittfolge des Evolutionsgedankens
übereinstimmen.
Das ist also gar nicht das Problem.
Wir müssen nur endlich anfangen aufzuhören
mit dem Irrglauben,
wir könnten mit unserem kleinen Kopf
den großen Gott erfassen,
begreifen,
timen,
beziffern,
zeitlich seine Ewigkeit meistern.

Das geht
um Gottes willen
gar nicht!
Solange die Erde steht,
haben wir noch tausendmal alle Zeit der Welt
für Gottes Schöpfung,
mit der
ER
immer noch nicht fertig ist

hoffentlich.

Abstand und Anstand

„Sie fahren
mit Abstand
am besten!"

Auf der Autobahn
hab' ich das gelesen.
Großes Schild.
Großes Bild.

Abstand halten
ist überlebenswichtig.
Sonst fährt man allzu leicht
aus der Haut
und direkt
dem anderen
in den Vorgarten.
Weil der Bremsweg zu kurz ist.

Auch in einem anständigen Anstandsbuch
hab' ich das so gelesen.
Da wird empfohlen,
mindestens einen Meter
Distanzzone einzuhalten,
um nicht aufdringlich
oder gar
indiskret zu wirken.

Besonders was den Umgang
mit der Verwandtschaft betrifft.
Da vor allem scheint diese Regel
hilfreich zu sein.

Das steht schon in der Bibel so.
Abraham jedenfalls
und sein Neffe Lot
sind in Not.
Sie leben ziemlich eng zusammen,
stehen sich sehr nahe
und treten sich deswegen
unvermeidlich
auf die Füße.
Außerdem haben sie viel Vieh.
Und das macht viel Mist.
Wie das so ist.
Und weil sie so beieinander sind,
wächst da bald kein Gras mehr.
Es wird sich gestritten
um Wasser und Weide.
Wie heute.
Da erinnert sich Abraham wohl
an das Schild auf der Autobahn,
ruft jedenfalls den Lot
und sagt:
„Gehst du zur Rechten,
geh ich zur Linken!"

Und beide gehen
von ihrem festen Standpunkt weg.
Beide verändern ihre Positionen
und gehen tatsächlich
getrennte Wege,
bis wieder
Gras drüber gewachsen ist.

Weggehen,
auseinander,
um sich nicht zu verlieren.
Das ist es.
Das kann es sein.

Abstand halten,
um sich mit Anstand
wieder zu nähern.
Das Weite suchen,
um sich wieder neu zu finden.
Das ist ein biblisch erprobtes,
prima Prinzip.
Keine Kapitulation,
eher eine mutige Rettung.
Das ist
– mit Abstand –
das Beste!

Mitreisend

Wollen wir heute mal wieder
eine Fahrt ins Blaue machen?
Sie wissen doch, was das ist – oder?
Na, eine Fahrt ins Blaue,
das war früher mal der Klassiker
für Ausflügler.
Da kam man zusammen,
stieg ein und fuhr drauflos.
Und niemand wusste,
wohin die Reise geht.
Noch nicht einmal der Kutscher
manchmal …
Und das hat prima funktioniert.
Das haben die Leute immer wieder gerne gemacht.
Weil es so offen war.
Überraschend eben.
Einsteigen, mitfahren und gespannt sein.
Hauptsache, der Wagen rollt
und wir sind zusammen unterwegs.

Manchmal ist es natürlich auch
schiefgegangen.
Nicht immer war das Ziel wirklich eine Reise wert.

Enttäuschungen wurden auch schon mal geboten.
Ich vermute sogar,

dass von daher die Redensart kommt,
dass die Leute sagen,
sie hätten da mal ihr blaues Wunder erlebt.

Fahrten ins Blaue sind eben ein Risiko.
Aber sie sind unvermeidlich.
Ja, wenn wir ehrlich sind,
dann ist jeder Tag nichts anderes.
Wir stehen auf,
starten munter und mit Schwung,
treten alle unsere Reise an,
aber niemand weiß wirklich,
was passiert,
was kommt oder ausbleibt,
wer oder was uns heute begegnet.
Wir fahren ins Blaue.
Ja, selbst wenn wir das Ziel
und den Ort unserer Tagesreise
ganz genau benennen können,
genau wissen, was heute zu tun ist,
was erledigt und getan werden muss,
bleibt es trotzdem offen,
was wirklich passiert.
Letzten Endes sind wir unterwegs
und hoffen halt, dass wir gut ankommen.
So gesehen fahren wir also doch
ins gefahrvolle Ungefähre.
Da kann es nicht schaden,

wenn wir uns an Gott halten,
der als Einziger wirklich weiß,
wohin es geht.
Gott nämlich ist ein ausgesprochener Fachmann
für Fahrten ins Blaue.
Er kommt deshalb am liebsten mit uns,
ist ein Mitreisender,
gerade auch für den Fall,
dass wir tatsächlich
ein blaues Wunder erleben sollten.

„Und ob ich schon wanderte
im finsteren Tal,
so fürchte ich dennoch
kein Unglück,
denn du, Gott,
bist bei mir.“

Wo bist du, Mensch?

Sie –
wir waren,
glaub ich,
noch beim Sie, oder?
Siezen tun wir uns doch noch,
meine ich,
und das gehört sich auch so.

In dem wirklich sehr anständigen Anstandsbuch,
das mir meine Kinder
aus unerfindlichen Gründen geschenkt haben,
mit 365 Tipps für gute Umgangsformen
von Claudia Piras,
einer slowenischen Philosophin,
da steht:

„Siezen ist immer eine höfliche, korrekte Form
des zwischenmenschlichen Miteinanders.
Alle erwachsenen Menschen
sollten grundsätzlich erst einmal gesiezt werden,
vertraulichere Vereinbarungen
kann man später noch treffen."

Damit ist klar:
Wenn Gott sagt:
„Wo bist DU, Mensch?",

dann duzt er mich.
Was sagen Sie dazu?
Wenn er sich vornehmlich an das gute Benehmen hält,
und das können wir ihm ruhig unterstellen,
dann duzt er mich,
weil er vertraulichere Vereinbarungen
mit mir treffen will!

„Kannst ruhig du zu mir sagen,
mein Gott,
warum nicht, Mensch."

„Wo bist du?"
Das will Gott
ganz persönlich
von mir wissen,
damit kommt er mir ganz nah,
legt sein Ohr an mein Menschenhaus
und horcht gehörig intensiv,
ob ich wo bin.

Und er will damit nicht bloß
herausbekommen,
ob's mich noch gibt,
sondern er will mehr,
er will mich als Gegenüber.
Auf du und du
soll es zugehen.

Und da er nicht nur mit mir per du ist,
sondern auch noch mit dir
und ihr,
ja sogar mit den anderen,
die ganz arg anders sind,
baut er aus lauter Beziehungskisten
eine ganze Welt zusammen
und stellt uns sozusagen
komplett in Verbindungen
zueinander.

Nicht nur als Einzelne sind wir gefragte Leute,
sondern auch in Bezug aufeinander.

„Mensch, wo bist du?",
heißt darum auch:
„Wo ist dein Bruder?
Wo ist deine Schwester?
Was hast du getan
einem meiner Geringsten?
Und was hast du nicht getan?"

Gefragte Leute
sind wir.
Ich und du
und Sie
auch!

Mensch, du bist wo!

Ein gelehrter Mann schrieb
über die biblische Urgeschichte so:
Nachdem der Mensch der Versuchung,
gottgleich zu werden,
nicht hat widerstehen können,
verliert er sein Selbstbewusstsein
und empfindet Scham
und fürchtet, bloßgestellt zu werden.
Die Schritte Gottes im Garten zu hören,
das reicht schon,
um alles überzogene Heldentum
von ihm zu nehmen.
„Durch die Frage Gottes veranlasst,
setzt die gedankliche Auseinandersetzung
mit der Schuld ein,
und zwar schiebt der Mensch
die Schuld ab."

Das heißt:
Seit die Frage Gottes:
„Mensch, wo bist du?"
unterm Baum
in den Raum
gestellt ist,
steht sie so da,
steht dumm rum

und wartet auf Antwort.
Und am Ende will's
bis heute
mal wieder
keiner und keine
gewesen sein.

„Mensch, wo bist du?"
heißt auch: Wer ist das gewesen?

Es meldet sich niemand.
Es sagt keiner:
„Ich!"
„Ich war's!"
Kein Mensch sagt das.

Und es beginnt
die verhängnisvolle tolle Schieberei:
Adam war's nicht.
Eva war's nicht.
Niemand war's.
Die Unschuldigen
stehen Schlange
im Paradies …

Jenseits von Eden
kennt man jeden,
der's auch nicht gewesen sein will.

Die Frage nach der Schuld
sprengt jede paradiesische Perspektive.
Heimatlos,
trostlos,
hilflos.

Aber endlich ist da
doch
einer
gesehen worden.

Der hat sich gezeigt,
hat:
„Ich!",
„Ich bins!",
gesagt,
hat sich schuldig sprechen lassen,
wurde aufs Kreuz gelegt
und hat damit alles getan,
damit kein Mensch mehr
Gott loswerden soll,
für immer und ewig.

„Seht, welch ein Mensch!"

Rückwärts vorwärts

Können Sie gut rückwärts vorwärts fahren?
Also, ich kann das ganz schlecht.
Beim Rückwärtsvorwärtsfahren
wird mir immer ganz übel.
Im Zug mit dem Rücken
zur Fahrtrichtung sitzen
und dann rückwärts schauen,
während wir vorwärts fahren,
da dreht sich bei mir alles.
Das halte ich nicht lange aus.
Das ist absolut ungesund, glaube ich.

In der Bibel steht das auch.
Da gibt es nämlich eine Geschichte,
die erzählt von einer Frau,
der das Rückwärts-vorwärts-Programm
ganz schlecht bekommt.

Sie ist zusammen mit ihrem Mann
auf der Flucht vor dem Untergang.
Ihr Mann heißt Lot,
und sie beide werden gerettet
aus Sodom und Gomorra,
wie oben schon zu lesen war.
Und während Gott sie da
in letzter Minute herausholt,

gibt er nur eine einzige Anweisung,
wie man sich verhalten soll.
Und diese Anweisung heißt:
Nicht umdrehen!
Nicht zurückschauen!
Nicht rückwärts vorwärts fahren!

Weil nämlich nur dann
neue Wege gefunden werden können,
wenn man mit seiner ganzen Aufmerksamkeit
im Hier und Heute ist
und sich nach vorne ausrichtet,
Ausschau hält nach dem, was kommt
und womöglich ein Ausweg ist.

Damit das gelingt, ist es unverzichtbar,
meint Gott,
dass wir der Anziehungskraft des Rückwärtigen
widerstehen
und uns nicht verleiten lassen,
dem, was war,
zu lange nachzutrauern,
es gar festhalten zu wollen,
ihm zu viel Raum zu geben.
Und so soll also Lots Frau auch
nach vorne schauen
und sich retten aus der Vergangenheit
in eine neue Zukunft.

Aber sie schafft es nicht.
Es heißt in der Geschichte,
dass sie sich nicht an die Anweisung hält
und sich umdreht
und rückwärts vorwärts fahren will.
Und das geht schief.
Lots Frau erstarrt im Zurückschauen
zur Salzsäule,
heißt es,
sie versteinert regelrecht
in der Fixierung auf das Zurückliegende.
Sie lässt sich fesseln und knebeln
und von der Zukunft abbringen,
weil sie an dem hängen bleibt,
was einmal war.
Und da ist es aus und vorbei
mit dem Vorwärtsfahren,
da friert das Leben ein,
wird zum Museum,
atmet nicht mehr,
verliert sich im Rückwärts.

Wenn Gott uns vorwärtsbringen will,
dann ist es gut,
wenn wir frei und offen und gespannt sind,
was da vorne auf uns wartet.
Gute Reise!

*Lenk*rat

Als Kind
bin ich immer gerne Karussell gefahren.
Einmal im Jahr,
wenn Kerwe,
Kirmes,
Kirchweih war.
Wunderbar!

Ich gehe heute noch gerne über den Maimarkt,
nur um die alten Fahrgeschäfte zu sehen –
und manchmal leihe ich mir sogar
kleine Kinder als Alibi aus,
weil meine eigenen leider schon
zu groß geworden sind,
um mal wieder
ganz schnell
Karussell zu fahren.

Das Beste am Karussell,
finde ich nach wie vor,
ist die geniale Einrichtung,
dass bei allen Autos
an jedem Platz
ein Lenkrad ist.
Vorne wie hinten,
rechts wie links.

Das vermittelt allen das wunderbar erhabene Gefühl,
selbst am Steuer zu sitzen.
Ganz allein!
Und das
ist einfach großartig.
Alle kurbeln sie
rechtsrum,
linksrum,
so rum
und so rum,
und dabei fährt das Ganze sowieso
so rum.

Es müssen ganz geniale Menschenkenner
gewesen sein,
die beim Bauen der Autos
für das Karussell
diese Erfindung gemacht haben.

Das müssen
ungelogen
Psychologen
gewesen sein.

Auf dem Rummelplatz unseres Lebens
ist das nicht anders.
Wir möchten gerne
das Heft in der Hand haben,

möchten am langen Hebel sitzen,
das Ruder herumreißen,
die Richtung bestimmen,
leiten und lenken,
bestimmen,
wohin die Reise geht.
Selbstbestimmt möchten wir sein,
nicht fremdbestimmt
oder gar ferngesteuert.
Wir wollen am liebsten
unser Leben selbst in die Hand nehmen,
uns von keinem reinreden lassen,
entscheiden und auswählen,
was für uns gut ist.

Dabei sind wir doch
nach Gottes gutem Plan unterwegs.
Er macht,
dass es rund geht
und wir trotzdem
die Kurve kriegen,
dass wir den Weg finden,
den Umweg und den Heimweg.

Darum hat die Bibel
einen guten
*Lenk*rat für uns
und sagt:

„Befiehl dem Herrn
deine Wege
und hoffe auf ihn,
er wird's
wohlmachen!"

Noch nicht fertig!

„Mit dem bin ich fertig!
Mit der will ich nichts mehr zu tun haben!"
So sagen die Leute,
wenn sie im Streit
oder schwer enttäuscht
auf Abstand gehen
und einander aus dem Weg.
„Mit dem bin ich fertig!"

Manchmal sind wir
zu schnell fertig miteinander,
brechen den Stab,
fällen das Urteil,
schließen das Kapitel ab.
Dabei ist womöglich
noch gar nicht endgültig entschieden,
was aus uns
und unseren Beziehungen
noch werden kann.

Richtig nachdenklich wurde ich darüber
während eines Besuchs
bei einem Goldenen Hochzeitspaar.

Goldene Hochzeit,
das ist ja das nobelpreisverdächtige Ehejubiläum,

das Leute feiern,
die fünfzig Jahre verheiratet sind.
An der Kaffeetafel sitze ich
neben dem golden glänzenden Ehemann,
wir unterhalten uns angeregt,
und schließlich frage ich ihn,
mehr im Scherz:
„Nun sagen Sie doch mal,
Herr Bräutigam,
sind Sie denn inzwischen sicher,
dass Sie vor fünfzig Jahren die richtige Entscheidung
getroffen haben?"
Er
ganz nachdenklich und ernst,
schaut mich vielsagend an.
Alle am Tisch
sind inzwischen still
und hören aufmerksam zu,
als er tatsächlich antwortet:
„Wissen Sie,
um die Frage zu beantworten,
dafür ist es einfach noch
viel zu früh!"

Und das nach fünfzig Jahren!
Wie kann das sein?

Es könnte nach dem Motto gehen:
Wie Gott mir, so ich dir!
Denn das ist schließlich
auch sein Motiv
im Umgang
mit uns allen.

Egal, wie wir im Moment
zueinander stehen,
egal auch,
wie viel Grund wir gerade haben,
womöglich nicht mehr viel Neues zu erwarten
von bestimmten Menschen.
Das soll nicht das Allerletzte sein,
was wir erleben,
ersehnen, erhoffen.

Die Bibel sagt:
„Es ist noch nicht entschieden,
 was aus uns wird …"

Es ist einfach noch zu früh,
um schon
fertig zu sein.

Wachstumsraten

Als ich noch ein kleiner Junge war,
ist mein Großvater für mich
der Größte gewesen.
Wir zwei beide hatten uns nämlich
zusammengetan.
Wir waren ein Dream-Team.
Das hatte damit zu tun,
dass ich *noch nicht* zu gebrauchen war
und mein Großvater *nicht mehr*.
Wir waren also,
was die vordergründige Produktivität
unseres Bauernhofes betraf,
ein einziger Ausfall.
Vordergründig gesehen.
In Wirklichkeit
haben wir wohl
eins der wichtigsten Dinge erledigt,
die es gibt.
Heute sagen die Fachleute dazu
„Qualitätsmanagement"
und „Spezifizierung des Produkts".
Wir waren also der Zeit meilenweit voraus.
Und das mit einem PS,
also mit einem Fuchs,
um es genauer zu sagen.
Mein Großvater und ich,

wir hatten uns nämlich
darauf spezialisiert,
mit dem Pferdegespann
durch die Gemarkung zu fahren
und das Wachstum zu überwachen.
Dazu hatte sonst niemand Zeit.
Wir schon.

Wir fuhren also mit dem Pferd
die Feldwege entlang,
ich natürlich vorne auf dem Bock mit dabei,
hielt stolz das Ende der Zügel
und wusste,
dass vor allem ich das Pferd lenkte.
Niemals mehr
habe ich später die Welt so im Griff gehabt
wie damals,
als mich mein Großvater
groß gemacht hat.
Er pfiff vor sich hin.
So pfeift heute kein Mensch mehr.
Dieses Piffeln,
wie ich es nannte,
das war die Begleitmusik
für eine längst ausgestorbene,
hochanspruchsvolle Spezialistentätigkeit:
das unaufgeregte Hinschauen beim Wachsen.
Von meinem Großvater weiß ich,

wie ein Mensch schaut,
wenn er beim Wachsen zuschaut:
Ungemein konzentriert,
sehr still,
gesammelt,
hingebungsvoll,
passiv aktiv,
ruhig atmend,
verweilend staunend.

Und so hatten wir das Wachsen
von Gerste und Roggen,
Kraut und Rüben,
Kartoffeln und Wiesengras
fest im Visier.
Stundenlang waren wir unterwegs.
Müde kamen wir heim.
Erschöpft von dem starken Eindruck,
den wir den anderen Ahnungslosen
nie ganz vermitteln konnten.
Wir waren eher mit unserer Grenzerfahrung allein,
wurden wegen unseres vermeintlichen Nichtstuns
sogar belächelt
von den Fleißigen.

Dabei war mir längst aufgefallen,
dass überall dort,
wo mein Großvater anfing zu pfeifen,

weil er es zunehmend wachsen sah,
dass dort weit und breit
keiner von den Wichtigtuern zu sehen war.
Im Gegenteil.
Wo die waren,
da fuhren wir meistens einfach vorbei.
Richtig spannend war es immer nur dort,
wo gerade niemand das Wachstum störte.

Seitdem weiß ich ungefähr,
was gemeint ist,
wenn die Bibel sagt,
dass Gott alles wachsen lässt,
ohne dass wir was dazu tun können.
Man weiß nicht,
wie.

Schwere Jungs

Heute gehe ich in die Klinik.
Zu den schweren Jungs,
die's nicht leicht haben.
Die sind dort,
um zu lernen,
wie man ohne Drogen
besser leben kann.
Sie machen eine Therapie.
Freiwillig zwingen sie sich dazu.

Sie wollen, dass wir einen Gottesdienst
zusammen feiern.
Das machen wir schon eine ganze Weile so.
Immer freitags,
wenn die Woche geschafft ist.

Dann treffen wir uns in einem stillen Raum
und sitzen im Kreis.
Bei meinem ersten Kontakt sagte mir einer:
Herr Pfarrer, ich hab schon alles ausprobiert,
nur Gott noch nicht.
Den will ich jetzt testen.

Mein lieber Mann,
hab' ich da weiche Knie bekommen.
Die Nummer bringst du nie!,

hab' ich gedacht.
Die wollen den lieben Gott
auf seine Tauglichkeit testen,
und du sollst dafür geradestehen.
Das kann nicht gut gehen.

Aber es war zu spät, um wegzulaufen.
Also haben wir einfach
miteinander angefangen,
ganz normal,
ganz formlos
und doch mit Linie und Programm.
Haben Kerzen angezündet,
gebetet,
Musik angehört,
ich habe eine biblische Geschichte erzählt,
und wir haben gebetet.
Und zwar haben wir jedes Mal
eine Art Sammelbestellung gemacht.
Wir haben im Kreis gesammelt,
was dran ist,
was die Leute gerne sagen wollen,
an wen sie denken,
worum sie bitten,
und dann haben wir das alles Gott gesagt.
In aller Ruhe.

Es geht immer und immer
um dieselben Fragen:
Werden mir die,
die ich enttäuscht habe,
verzeihen?
Wie kann ich mir selber vergeben?
Werde ich lieb gehabt?

Das sind die Fragen
und nicht alleine die Fragen
dieser jungen Leute.

Es sind die Fragen aller Leute,
und so gehe ich heute
wieder in die Klinik
und mache weiter
mit dem Eignungstest
des lieben Gottes.

Luthers Trick

Wir werden immer wieder
auf schwierige Menschen treffen.
Sehr wahrscheinlich sogar!
Und werden wieder vor der Frage stehen:
Wie geh ich mit denen bloß um?
Wie krieg ich das hin,
halbwegs anständig und zivilisiert?

Es gibt da einen altbewährten Trick,
den angeblich Dr. Martin Luther,
der große Reformator,
seinerseits angewendet hat.
Immer dann,
wenn er es mit schwierigen Leuten zu tun hatte.
Und das war nicht selten.
Martin Luther hat mitunter sehr gelitten,
wenn er es mit schwierigen
und unruhigen Geistern zu tun hatte.
Vor allem das Jungvolk
ist ihm auf die Nerven gegangen,
weil es nicht aufmerksam und lernwillig war.
Er jedenfalls, Dr. Martin Luther,
hat, so munkelt man,
dann einen Trick angewandt.
Und der geht so:
Um die Leute mit anderen Augen sehen

und sie besser ertragen zu können,
hat er sich umgeschaut
nach den schlimmsten Rowdys
und dann einem nach dem anderen
bestimmte, gut angesehene Berufe gegeben.
Er hat sie nacheinander angeschaut
und sich gesagt:
Und der da wird einmal ein guter Handwerker,
und der ein frommer Mönch,
der wird wahrscheinlich ein Schulmeister
und der vielleicht sogar ein gelehrter Gelehrter,
der wird Schultheiss
und der wird Schreiber,
der wird Bäcker
und der ein Meister.
So oder so ähnlich
soll er das gemacht und gedacht haben.

So gesehen, so angesehen,
konnte er sie alle nur fördern
und ihnen Gutes tun.

Ansehen als solche,
die sie sein werden
und längst noch nicht sind,
was sie wirklich sein sollen.
Sie nicht festlegen auf das,
was jetzt gerade schwierig an ihnen ist.

114

Das ist der Trick.
So kann man mit denen,
die einem das Leben schwer machen,
besser umgehen.

So gibt man ihnen den Spielraum,
den sie brauchen,
um sich möglicherweise
noch ganz stark zu verändern.
Das hilft sogar den größten Rowdys.

Aber mal so unter uns:
Wer von uns war nicht irgendwann mal
ziemlich schwierig?
Zumindest als wir klein waren,
waren wir doch alle davon abhängig,
dass jemand uns so angesehen und gesagt hat:
Du bist schon jetzt mein Großer!
Du hast da große Begabungen!
Dir traue ich was zu!

Zu allem, was aus uns geworden ist,
sind wir vor allem hingeliebt worden.
Nur so
mit diesem Trick und Kick
haben wir und all die anderen schwierigen Leute
es doch zu was gebracht.
Oder?

Automatisch

Bei uns geht alles automatisch.
Oder anders gesagt:
Ohne Automaten geht gar nichts.
Geld abheben,
Fahrkarte kaufen
sowieso.
Überall,
wo man sich früher
einem leibhaftigen Menschen gegenübersah
und sich erkundigen konnte,
steht man heute automatisch
vor einem Automaten.

Und jetzt auch noch das.
Es gibt ihn jetzt auch
fürs Beten.
Zumindest auf verschiedenen Bahnhöfen
wird er grad ausprobiert.
Der Gebetomat.

Sieht aus
wie so ein Passfotoautomat,
so eine Kabine jedenfalls für eine Person.
Mit schwarzem Vorhang,
einem Stuhl
und einem Bildschirm.

Wer den berührt,
bekommt Kontakt
und kann sich verschiedene Gebete
anschauen
und anhören.
Vom christlichen Vaterunser
bis zum tibetischen Mönchsgebet.
Alle großen Religionen
wie Christentum,
Buddhismus,
Hinduismus,
Judentum
oder Islam sind vertreten.
Es kostet 50 Cent
und dauert 5 Minuten.

Das ist kein stilles Kämmerlein,
sondern der kleinste Gebetsstuhl der Welt,
mitten im Trubel aufgestellt.

Bete sich,
wer kann –
zur Ruhe
im Vorübergehen.

Man kann gespannt sein,
wie das angenommen wird.
Wäre schon schön,

wenn nicht nur Bahnkunden
vor lauter Verzweiflung
über die Verspätung
dahin flüchten.

„Da hilft nur noch beten!"
Das könnte durchaus zum neuen
Stop and go,
Stay and pray
werden,
zur Fünf-Minuten-Terrine
für die Seele.

Verträglichkeitsabkommen

Wir vertragen uns
nicht so gut.
Ich mit mir.
Wir sind uns uneinig.
Wenn ich mich treffe,
bin ich immer
sehr betroffen.
Deswegen will ich auch gar nicht
so gerne zu mir kommen.
Bei mir sein,
das bringt mich ganz in Rage,
da bin ich ganz außer mir.
Weil ich einfach so vieles an mir
nicht ausstehen kann.
Dass ich nicht so gut aussehe,
nicht so viel habe,
dass ich weder Titel
noch Spesen
noch Testamente
verbuchen kann,
dass meine Familie so ist,
wie sie ist.

Alles ist
alles andere als ideal.
Ständig ertappe ich mich dabei,

wie ich wieder einmal
unter der Latte durchspringe
und direkt auf die Nase falle.

Aber davon habe ich jetzt die Nase voll.
Ich mag mich endlich
riechen können.
Zumindest leiden.
Weil ja irgendwie feststeht,
dass ich so bin,
wie Gott mich gemacht hat.
Ich bin ein gemachter Mann.
Und wenn es so ist,
dass ich aus Gottes Werkstatt komme,
er mich so gewollt hat,
tatsächlich,
wie ich bin,
bitteschön,
dann bin ich sowieso
so.

In der Bibel habe ich gelesen,
im Werkstattprotokoll,
dass im Rahmen des weltweit ersten
Qualitätsmanagements
von *sehr gut*
und *gut*
die Rede ist.

Und außerdem
hat Gott von Anfang an gesagt,
dass es einen von mir
gar nicht allein geben kann.

Er hat sich von Anfang an
für die *Nimm-zwei*-Version
entschieden,
damit wir uns –
weil wir nicht ganz ganz sind –
ergänzen können.

Ich bin also von Anfang an
mit der Gabe der Unvollkommenheit
ausgestattet.

So gesehen,
komme ich heute mit mir überein,
dass es an der Zeit ist,
Frieden zu schließen
mit mir.
Ich will mich endlich vertragen.
Basta!
Und das mach' ich jetzt
auch gleich amtlich:
Ich schließe einen
Vertrag.

VERTRAG

Ich
habe mich heute,

am ....

in ....

mit mir
getroffen.
Dabei habe ich über meine Begabung
zur Unvollkommenheit nachgedacht
und mir in diesem Zusammenhang ein
Versöhnungsangebot unterbreitet.
Dieses schlägt vor,
dass ich in Zukunft achtsamer mit meinen
schwachen Stärken und mit meinen starken
Schwächen umgehe.
Mit beiden hat mich Gott ausgestattet und
lebenstüchtig gemacht.

Ich entziehe mich deshalb ab heute der Tyrannei
des absolut perfekten Lebens und erkläre mein
Einverständnis mit meiner Begrenztheit.
Diese ist die Voraussetzung dafür, dass ich weniger
gegen mich streite, barmherziger mit mir und mit
anderen umgehen lerne –
und neben mir andere Menschen mit anderen
Begabungen genug Raum finden, um sich zu entfalten.
Gottes Schöpfung hat mich so angelegt, dass ich auf
Ergänzung und Vervollständigung angewiesen bin.
Damit erkläre ich mich heute ausdrücklich
einverstanden.

Ort, Datum ....

_____   _____

Unterschrift   ein/e Zeuge/in bestätigt

Dienstbesprechung

Heute habe ich mich wieder verabredet
mit meinen Mitarbeiterinnen und Mitarbeitern.
Wir machen eine Dienstbesprechung.
Weil Dienstag ist.
Das passt doch.
Wir treffen uns
und tauschen aus, was so läuft.
Da hat ja jeder und jede was zu berichten.
Gutes und Schlechtes.
Und das voneinander zu wissen, ist wichtig.
Gerade diejenigen,
mit denen man Tag für Tag zusammenarbeitet,
gerade von denen weiß man oft am wenigsten.
Alles muss funktionieren,
jeder und jede tun ihre Pflicht,
und solange alles läuft wie geschmiert,
sieht niemand einen Grund,
den andern zu fragen,
wie's geht und steht.
Zeit ist sowieso keine da.
Alle sind unter Druck.
Da bleibt kein Spielraum.
Und doch ist es wichtig.
Gerade die Leute,
die ständig an einem Strang ziehen sollen,
gerade die müssen ab und zu miteinander reden.

Sonst kann etwas passieren
wie bei den engsten Mitarbeitern Jesu.
Die hatten wohl zu lange
keine Dienstbesprechung mehr gemacht,
waren irgendwie im Stress
zu nichts mehr gekommen,
und als Jesus ihnen endlich mal eine Pause gönnt,
weil er sich auch einmal zur Beratung
mit seinem Chef zurückziehen muss,
da wäre das beinahe bös ausgegangen.

Kaum sind sie nämlich
ohne Dienstanweisung unterwegs,
da rappelt's in der Kiste,
in der Beziehungskiste.
Und sie rangeln sich
um die Rangordnung,
wollen wissen, wer von ihnen
wohl der Größte
und Beste
und Erfolgreichste ist.
Die Besprechung endet grausam.
Es gibt nämlich keine Einigung,
weil niemand gerne klein sein möchte,
nur damit ein anderer groß sein kann.

Und als Jesus sie danach wiedertrifft,
sind sie ziemlich betroffen

und erschöpft.
Zum Glück machen sie kein Geheimnis
aus dem Dilemma
und geben dem Chef knappen und klaren Bericht,
worüber sie sich so heftig gestritten haben.

Da nutzt er die Gelegenheit
und gibt eine neue Dienstanweisung heraus.
Und die heißt:

Wer der Größte sein will,
der soll es zeigen,
indem er dient.

„Wer unter euch der Größte sein will,
der sei euer Diener!"

Diener sein für andere,
mehr dienlich als dienstlich,
das ist nicht nur am Dienstag dran,
wenn Dienstbesprechung ist.

Das Arche-Noah-Prinzip

Kennen Sie das Arche-Noah-Prinzip?
Damit niemand untergehen muss?
Sie erinnern sich doch bestimmt
an dieses sagenhafte Schiff,
mit dem Gott dafür sorgt,
dass nicht alles in der Sintflut versinkt.

Da ist zunächst einmal nicht zu übersehen,
dass die Tiere den meisten Platz eingeräumt kriegen.
Bei Weitem.
Alles, was kreucht und fleucht,
ist Gott wichtig, gerettet zu werden.
Paarweise, wenn's geht.

Die Tiere jedenfalls
sind in Gottes Schöpfung zuerst da
und allemal wert, verschont zu werden.

Das alleine wäre schon Grund genug,
ein Arche-Noah-Prinzip aus der Taufe zu heben.

Und es wäre im Prinzip schon eine ganze Menge,
wenn wir das heute auch noch berücksichtigen würden
im Umgang mit der erschöpften Schöpfung.

Was mich aber besonders begeistert,
ist der Gedanke,
dass Noah lange gewartet hat.
Ich meine, bis die Klappe zu, alles an Bord
und er abfahrbereit war.

Das stelle ich mir ziemlich nervig vor,
wie sie da auf und ab gegangen sind
und an den Himmel geschaut
und das Wasser haben steigen
und das Schiff immer mehr
hin und her haben schwanken sehen.
Aber es gab kein Vertun,
es half alles nichts,
noch konnten sie nicht losfahren
und sich sicher fühlen,
weil immer noch jemand gefehlt hat:
Die Schnecke nämlich.
Die Schnecke nämlich ist,
ihrem Talent gemäß,
sagen wir – gemäßigt schnell angekommen.

Und weil das so war,
stelle ich mir den Noah und seine Leute
ziemlich unruhig vor.

Und freue mich an dem Gedanken,
dass sie nicht selbst das Tempo bestimmen konnten,

just in time,
sondern dass nach dem Arche-Noah-Prinzip
die Fahrt erst losgehen kann,
wenn
die
Schnecke
endlich
da
ist.

Die muss mit,
sonst fehlt was Wesentliches,
Unersetzliches.

Wenn das mal auch heute gelten würde.
Wenn es erst losginge,
wenn auch der Langsamste in seiner Gattung
mitgekommen und vorgekommen
und angekommen ist.
Nicht auszudenken,
wie viele die Flut der Anforderungen
überstehen würden,
wenn genug Geduld aufgebracht werden könnte,
dass alle ihrer Gangart gemäß
Schritt halten könnten,
niemand außen vor bleiben müsste,
weil er seinem Talent gemäß
eben im Schneckentempo ankommt.

Das wäre, als ob die Arche
noch mal gefahren käm'.
Wir sind nur wirklich zu retten,
wenn wir auch die Entdeckung der Langsamkeit
machen und warten,
bis die Schnecke
um die Ecke
kommt,
weil sie womöglich Wesentliches mitbringt,
was uns ohne sie verloren gehen könnte.
Die Arche fährt nur einmal,
einen Frühstart kann sie sich nicht leisten.

Denkzettel

Jemandem einen Denkzettel verpassen,
das ist ja eher etwas Negatives
und meint:
Jemanden maßregeln
oder gar bestrafen.
Aber das könnte dann auch gleich
Strafzettel heißen.

Für mich sind Denkzettel gar nicht so negativ.
Im Gegenteil,
ich arbeite pausenlos damit.
Ich brauche Denkzettel unbedingt,
damit ich an alles Mögliche denke
und mich nicht verzettele.

Ich schreibe mir dann auf,
was ich heute tun,
an wen ich denken möchte,
wer auf einen Anruf wartet,
für wen ich unbedingt beten muss.

Und wenn ich meinen Kindern
oder meiner Frau
oder meinen Leuten im Büro
was sagen will,
dann lege ich ihnen auch Denkzettel hin,

damit sie dran denken
und dies und das nicht vergessen zu tun.

Also, Denkzettel können auch
ganz schön nützlich sein.

Es gibt sie sogar im Himmel.
Ja, Gott selber braucht sie offenbar
und benutzt welche,
wie es scheint.

Ich habe das in der Bibel so gelesen
und mich gewundert und gefreut.
Der liebe Gott schreibt Denkzettel.
Nicht weil er selbst etwa vergesslich wäre,
sondern weil er uns beruhigen möchte,
wenn wir mitunter meinen,
von ihm vergessen worden zu sein.

Beim Propheten Maleachi
im letzten Buch des Alten Testaments steht das so.
Zum Zeichen, dass Gott nicht vergisst,
wer zu ihm gehört,
wer an ihn glaubt
und auf ihn hofft,
gegen allen Zweifel,
lässt er sich Denkzettel schreiben:
„Ich will mich ihrer erbarmen,

wie ein Mann sich seines Sohnes erbarmt."
Sicher ist sicher,
damit niemand verloren geht.

Eine ganz gute göttliche Buchführung
muss das sein.
Denk' ich mir
und schreib schon mal gleich wieder einen Zettel
und leg ihn beim Hinausgehen
auf die Kommode
neben der Garderobe.

„Gott behüte dich!",
schreib ich drauf.

Blind Date mit Gott

Heute bin ich mit dem lieben Gott verabredet.
Auf die Gefahr hin,
dass Sie mich jetzt für verrückt halten,
sage ich es trotzdem noch mal:
Ich treff' mich heute mit Gott.

Ich weiß schon,
dass es öfters schiefgegangen ist.
Mit Adam und Eva zum Beispiel
hatte Gott geradezu
fortlaufenden Erfolg.

Mose hat es regelrecht die Schuhe ausgezogen,
andere haben sich die Zunge verbrannt,
manche hat der Schlag getroffen
oder ein verschwebendes Schweigen
in Ohnmacht fallen lassen.

Gott treffen kann lebensgefährlich sein.
Meistens tun es die Leute
mit Furcht und Zittern,
weil es eben Gott ist.
Wie sollte das auch einfach sein,
ihn zu treffen.

Allerdings ist es inzwischen doch
etwas humaner geworden.
Gott selbst hat diese vertrauensbildende Maßnahme
ergriffen
und einen leibhaftigen Menschen
als Verbindungsmann geschickt.
Jesus
ist sozusagen
das einzige Bild,
das wir von Gott haben.
Ihn zu sehen ist so gut wie
Gott selber schauen.
Trotzdem kommt es vielen so vor,
als sei auch Jesus
himmelweit
von uns entfernt,
obgleich er doch versprochen hat,
da zu sein
und zu bleiben.
Um ihn zu treffen,
hat er jede Menge Möglichkeiten geschaffen.
Beten ist eine solche.
Da kann man eine Konferenzschaltung
mit ihm machen
und ist dann sozusagen bei ihm
online.

Gottesdienst feiern
wäre auch eine Option
am Sonntagmorgen
in der Kirche Ihres Vertrauens.

Eine wirklich werktagsmögliche Möglichkeit
aber ist von Jesus selbst installiert worden.
Er sagt nämlich:
„Was ihr einem meiner geringsten Schwestern
und Brüder getan
oder nicht getan habt,
das ist grad so gut,
als ob ihr mir's persönlich getan hättet."

So ungeheuerlich es klingt,
aber es bedeutet:
Dass ich heute Gott treffe
in den Menschen,
die mir über den Weg laufen.
Und was ich mit denen mache
oder auch nicht,
was ich denen tue
oder antue,
das ist so wichtig
und so wertvoll,
als ob ich damit
Gott selbst gegenübertreten würde.

Das macht aus jeder scheinbar
belanglosen Begegnung
ein Treffen auf höchster Ebene.

Da kann man gar nicht gottesfürchtig genug sein.
Gott mit menschlichem Gesicht
kommt uns entgegen.
Wenn das mal keine Verabredung ist …

Kurz und Knapp

Darf ich Ihnen
Herrn Kurz und Knapp vorstellen?
Also, Herr Kurz und Knapp heißt so,
weil er so ist.
Er wohnt grad um die Ecke.
Sie kennen ihn womöglich,
sind ihm schon hundertmal begegnet.
Also nicht wirklich,
denn Herrn Kurz und Knapp
begegnet man nicht wirklich.
Aber gesehen haben Sie ihn schon,
von hinten
meistens.
Also,
Herr Kurz und Knapp
ist schnell vorgestellt.
Er hat halt wenig Zeit.
Das fängt morgens schon an, wenn er aufsteht,
nach einer viel zu kurzen Nacht,
da ist es meistens schon Viertel nach
und es reicht schon nicht mehr
für ein ordentliches Frühstück.
Knapp vor drei Viertel
muss er nämlich schon los.
Im Treppenhaus sagt er nur ganz kurz:
Moin! Moin!

Und dann rennt er die Schulkinder
auf dem Bürgersteig
glatt über den Haufen.
Im Büro kommt er auf den letzten Drücker,
wie immer,
und den ganzen Tag kommt er zu nichts.
Ständig will jemand was,
und das nicht zu knapp.
Aber er kann sich ja nicht um alles kümmern,
er verzettelt sich sowieso so,
und der Blumentopf auf seinem Schreibtisch
ist vertrocknet,
weil er einfach nicht dazu gekommen ist,
die Pflanze zu gießen.

„Haben Sie mal Zeit für mich?",
fragt ihn dauernd jemand.
Und er antwortet:
„Aber nur kurz!"

„Haben Sie Lust, heute Abend mit uns auszugehen?",
wird er selten gefragt,
und dann sagt er nur:
„Das ist mir jetzt aber doch zu knapp!"

Der Tag ist nicht lang genug,
um alles zu regeln,
das Wochenende ist viel zu kurz,

um sich mal zu erholen.
Mit seiner Frau redet
Herr Kurz und Knapp
täglich ausgiebige drei Minuten,
das reicht seit fünfundzwanzig Jahren,
um sich zu vergewissern,
dass alles noch beim Alten ist,
und es ist kurz genug,
um nicht zu viel Neues zu erfahren.
Und ansonsten:
keine Zeit für Gespräche,
für das liebe Liebesleben schon gar nicht,
immer nur alles kurz vor knapp
und ab.

Ganz schlimm wird es, wenn er Urlaub hat.
Dann kommt er wirklich in die Krise.
Wenn da auf einmal zwei oder gar drei Wochen Zeit
so ungenutzt und unverbraucht
und frei herumliegen,
in der Wohnung, im Garten, auf der Straße.
O weh!
Da wird er glatt wahnsinnig.
Nichts tun, das ist für ihn eine Horrorvorstellung,
das Passivsein ist für ihn Leiden pur,
das am besten gar nicht erst passiert.
Anfangen aufzuhören,
das stürzt ihn in Panik.

Das hat er nie geübt, nie gelernt, nie gemacht.
Zeit haben,
Zeit nutzen,
Zeit genießen,
Zeit atmen,
sich Zeit nehmen –
für verschwenderische Hingabe,
geduldiges Hinhören,
rastvolles Bleiben,
unaufgeregtes Verweilen,
tempoloses Begleiten,
stressfreie Nähe.

Er meint,
nur was zappelt, lebt.

Und deshalb hat sich Herr Kurz und Knapp
auch für die Urlaubstage inzwischen
ein Programm zusammengebaut.
Es stellt sicher, dass ihm die Zeit nicht reicht,
dass es knapp wird
hinten und vorne,
dass alles ganz kurz wird,
kurz angebunden,
kurzweilig,
kurz genug, um nicht lang zu sein,
schon gar nicht langsam
oder lang anhaltend.

Das Leben huscht nur so
im Zickzack davon.

Herr Kurz und Knapp
hat sich vorgenommen,
niemals krank zu sein,
weil ihn das viel zu viel Zeit kosten würde.
Außerdem hat er sich vorgenommen
tendenziell auch unsterblich zu sein,
weil er zum Sterben einfach nicht kommen kann,
wegen Terminproblemen.
Er wird selbst seine eigene Beerdigung verpassen,
zwar nur knapp,
aber immerhin.
Und wenn er dann
um Gottes willen
doch in den Himmel kommt,
dann wird er sich über kurz oder lang
umschulen lassen.
Das wird unumgänglich sein,
weil er dann bei Gott so viel Zeit haben wird,
dass es ihm wie eine Ewigkeit vorkommt.
Und er wird nur so zum Zeitvertreib
langsam langsam werden
und endlich nicht mehr zu kurz kommen.
Endlich – hoffentlich.

Falls Sie ihn mal treffen,
kann ja sein,
im Treppenhaus
oder auf dem Parkplatz,
sagen Sie ihm einen schönen Gruß.
Aber übertreiben Sie nicht,
schütteln Sie ihm nicht minutenlang die Hand
und umarmen Sie ihn nicht einfach so,
den Armen.
Schön vorsichtig also,
kurz und knapp eben!
Keine zu hohe Dosis,
das verträgt er nicht,
das haut ihn glatt um.
Aber so eine kleine Prise:
Hallo! Tachchen! Und wie?
Alles klar?
Auch da?
Geht's gut?
Und tschüss!
Und lächeln Sie,
das tut ihm gut,
das kennt er so nicht.
Und dann noch eins:
Geben Sie ihm Zeit,
Probezeit,
Probierzeit
zum Leben in Entschleunigung.

Stellen Sie ihm kein Bein,
sondern eine Frage,
aber fragen Sie ihn nicht nach der Uhrzeit,
auf keinen Fall,
das wäre ganz fatal.
Fragen Sie ihn,
ob Sie ihm was schenken dürfen.
Und wenn er kurz neugierig guckt,
dann schenken Sie ihm
einen *Gutschein.*

GUTSCHEIN

Heute schenke ich Ihnen
Zeit

für: _____

Da können Sie eintragen:
eine gemeinsame Tasse Kaffee
oder einen Spaziergang
und dabei zusammen nach Gott fragen.
Einen Abend im Kino
oder sonst wo,
eine kurze Fahrradtour,
einen Einkaufsbummel,
was weiß ich …

Ich sage Ihnen:
Der wird sich wundern.
Und das nicht zu knapp.

Und vielleicht,
wer weiß,
wird aus ihm doch noch
ein ZeitVerschwender,
ein ZeitTeiler,
ein TeilZeitler,
ein mitteilsamer Verweiler,
ein ZeitGenosse,
der genießbar ist,
eine Zeit lang ein Mensch,
der sich Zeit nimmt
und nicht
das Leben.

Erträglich

„Was bringt es mir?“,
fragen die Leute,
wenn sie sich für etwas einsetzen sollen.
Und das ist ganz in Ordnung.
Denn wir alle wollen erfolgreich sein.

Wir wollen wissen,
ob es sich rentiert hat,
das ganze Schaffen und Machen
und Hetzen und Hantieren.
Gestatten Sie mir,
dass ich Ihnen dazu
eine Kosten-Nutzen-Kalkulation
aus der Bibel vorlege.
Jesus erzählt die Geschichte vom Sämann
und was der kann
und was der nicht kann.

Ein Sämann geht aus,
zu säen seinen Samen –
so die Geschichte.
Er wirft ihn um sich,
er verstreut alles,
was er hat,
geradezu verschwenderisch
gibt er alles,

ohne Vorbehalte,
ohne zu überprüfen,
ob es auch auf fruchtbaren Boden fällt.
Und in der Tat:
Einiges fällt auf den Weg,
und die Vögel fressen es auf.
Einiges fällt auf Fels, hat wenig Erde,
geht kurz auf und wieder ein.
Anderes fällt unter die Dornen
und erstickt sehr bald.
Und ein Viertel vom Ganzen,
nicht mehr, aber auch nicht weniger,
fällt auf guten Boden
und bringt unterschiedlichen Ertrag,
zum Teil sogar hundert Prozent.

Was lernen wir daraus?
Überlebensstrategisch Wichtiges
in Sachen Erfolg, meine ich?
Wenn du alles gibst,
alles, was du hast,
fast verschwenderisch umgehst mit dem,
was du einbringen kannst,
dann kannst du realistisch
gerade mal mit fünfundzwanzig Prozent
Erfolg rechnen,
einem Viertelerfolg also.
Drei Viertel sind vergebliche Liebesmühe,

Strohfeuer,
Zeitverschwendung.
Gleichzeitig heißt es aber auch:
Es ist nichts umsonst,
es geht nicht etwa alles verloren,
es lohnt sich immer,
denn:
Es geht immer etwas auf,
es kommt immer etwas heraus,
es bleibt immer etwas übrig,

So die erträgliche Unternehmensberatung
aus der Bibel.

Einleben für die Ewigkeit

Womöglich ist es schon eine ganze Ewigkeit her,
dass die Leute an so etwas geglaubt haben.
Sie glauben zwar an unglaublich viel,
auch an Unglaubliches,
sogar an Wunder und an Engel,
sogar an Wiedergeburt
und an komische kosmische Energien,
aber die Ewigkeit bei Gott –
das glauben die Leute
wohl weniger gern.
Ja, es stand sogar in der Zeitung zu lesen,
dass es so ist.
Am wenigsten glauben die Leute von heute,
dass es so etwas wie Ewigkeit gibt.

Dabei wollen doch alle
möglichst lange
leben.
Ein langes Leben ist doch
für viele der größte Wunsch.
Und kaum will Gott diesen Wunsch auch erfüllen,
da springen ihm die Leute auf und davon.
Damit verkürzen sie sich selbst
das kurze Leben ganz arg.
Ja, sie verkürzen es
um eine ganz lange Zeit,

nämlich
um die
Ewigkeit.
Wenn wir nur noch an die Zeit glauben,
von der es bekanntlich viel zu wenig gibt,
dann geht uns das größte Versprechen
des christlichen Glaubens
verloren.
Denn Jesus hat einmal gesagt:
„Wer an mich glaubt,
der hat das ewige Leben!"
Wohlgemerkt:
Der hat es!
Und nicht:
Der wird es irgendwann bekommen.
Das bedeutet allen Ernstes:
Die einzig wirklich lebensverlängernde Maßnahme,
die es gibt,
ist die Ewigkeit.
Und an der bekommen wir Anteil
schon hier und heute
und immer und ewig.

Unentschieden

Ein 3:3
ist ein Unentschieden.
Im Fußball
ist das ja eher ein unbefriedigendes Ergebnis.
Kein wirklicher Sieger,
kein Verlierer.
Ein 3:3 gibt es auch
zwischen Petrus und Jesus.
In der Bibel allerdings
ist das eine echte Win-win-Geschichte.

Und die geht so:
Petrus und Jesus,
die waren gute Freunde,
haben allerhand zusammen erlebt,
Zeichen und Wunder,
gute Zeiten, schlechte Zeiten –
und am Ende das Ende.

Jesus wusste,
dass er ans Kreuz gehen würde
und dass ihm niemand mehr helfen konnte.
Kurz vorher aber,
da hat Petrus seinem Freund Jesus
in maßloser Selbstüberschätzung
einfach zu viel versprochen.

Er hat Stein und Bein geschworen
und gesagt:
„Und wenn ich mit dir sterben müsste,
ich werde dich nicht enttäuschen,
werde dich verteidigen
und nicht zulassen,
dass dir etwas geschieht!"

Und dann kam alles ganz anders.
Während Jesus drinnen gefangen ist,
gerät Petrus in ein Kreuzverhör auf dem Hof,
in der Nacht,
draußen am Feuer.
Da kommen die Leute
und sprechen den Petrus an,
sagen: „Du bist auch einer von denen,
gehörst doch auch zu dem Jesus.
Dein Dialekt verrät dich ja ..."
Und wieder und wieder leugnet er.
Und wieder und wieder streitet er es ab.
Und wieder und wieder bricht er
sein großes Versprechen.
Drei Mal.
3:0.
Und der Hahn kräht.
Und der Petrus weint.
Und die Freundschaft ist tot.

Nach Ostern dann kommt Jesus wieder,
trifft auch auf Petrus,
und anstatt mit ihm ein Hühnchen zu rupfen,
stellt er ihm eine Frage.
Und es ist eine so wunderbare,
so zärtliche und liebevolle Frage:
„Petrus, hast du mich lieb?"
„Ja!", sagt Petrus ganz spontan und unbedacht.
Und Jesus fragt noch mal:
„Petrus, hast du mich lieb?"
„Aber ja!", sagt Petrus,
ein bisschen nachdenklich.
„Petrus hast du mich lieb?",
fragt Jesus zum dritten Mal.
Und Petrus sagt: „Ja!",
zu Tränen gerührt,
weil er spürt,
was jetzt gerade passiert.

Das ist nämlich der Ausgleich,
die Wiedergutmachung,
die Chance zum Neubeginn.
Dreimal der Verrat.
Dreimal das Bekenntnis.
Jetzt sind sie wieder quitt.
3:3 steht es jetzt.
Unentschieden.
Kein alleiniger Sieger,

kein verlorener Verlierer,
sondern zwei strahlende Gewinner,
weil sie sich wiederhaben,
weil sie einander wieder
auf Augenhöhe begegnen können
und jetzt Freunde fürs Leben sind und bleiben.

Hoch sollen sie leben,
dreimal hoch!

Horst ist tot

Zum zweiten Mal
am gleichen Tag
ein Anruf vom Beerdigungsinstitut.
Diesmal aber
ist alles anders.
Keine Angehörigen,
keine genauen Angaben.
Eine Telefonnummer allerdings.
Immerhin.
Da sei jemand,
der den Verstorbenen kennt.
Alles Weitere unbekannt.

Ich rufe an.
Der Inhaber einer Kneipe
meldet sich.
Ja, der Horst sei ein guter Kumpel gewesen,
und er, der Wirt,
habe sich zusammen
mit anderen Stammgästen
um eine ordentliche Beerdigung bemüht.
Ich frage, ob wir uns sehen können.
Ich werde für den Abend
in die Kneipe eingeladen.
Das hatte ich noch nicht.
Kneipkur-Beerdigungsgespräch.

Im Hinterzimmer geht es vor sich.
Nach und nach
kommen die Stammgäste herein.
Hagere Männer,
glänzendes, zurückgekämmtes Haar.
Dünnhäutig.
Hier gelten Regeln.
Aber ich kenne sie nicht.
Also falle ich auf
und aus dem Rahmen.
Bestelle einen Kaffee,
nehme die Zigarette nicht,
lasse die Flasche beim dritten Mal
an mir vorübergehen.

Keine Penner!
Das ist wichtig.
Sie erklären mir das,
obwohl ich gar nichts gesagt habe.
Alle haben ein Zimmer, eine kleine Wohnung,
eine Bleibe, Unterschlupf.
Sozialhilfe, kleine Jobs,
Gelegenheitsarbeit.
Alles ehrliche Leute.
Worauf du dich verlassen kannst.
Du glaubst uns nicht?
Pünktlich, sauber, zuverlässig
wollen sie sein.

Und sie erzählen mir Geschichten,
dass sich die Balken biegen.
Aber sie meinen alles
genau so.
Und sie erzählen mir von Horst.
Dass er ein armer Hund war,
gutmütig,
ein bisschen daneben auch.
Dass er auf der Tischkante
einen Kopfstand machen konnte,
aber nur,
wenn einer ein Taschentuch darunterlegte,
damit seine Platte nicht fror.

Sie lachen und prosten sich zu.
Auf den Horst!
Und sie erzählen mir,
wie der arme Hund
sich so durchgeschlagen hat,
überall und nirgends,
nachts beim Zeitungverladen,
morgens früh auf dem Markt.
Faul war er nicht.
Der nicht, der Horst!
Und bezahlt hat er alles,
was er schuldig war.
Immer.
Meistens.

Der Horst war einer wie wir.
Und jetzt ist er tot.
Nur weil er kein Geld hat,
wär' er beinahe
so verscharrt worden.
Das geht doch nicht.
Das kann man doch nicht machen.
Oder, Herr Pfarrer?
Ist das nicht unmenschlich?
Doch, sage ich.
Absolut.
Unter den Menschen
geht es nun mal so zu.
Aber nicht bei Gott!
Sage ich.
Bei dem ist jeder was.
Jeder was wert.
Auch der Horst.
Ganz bestimmt.
Keine Nummer.
Nicht egal.
Der Horst ist Gott wichtig.
Er kennt ihn.
Da bin ich sicher.

Sie geraten außer sich.
Das wäre ja wohl ein Witz.
Und warum der Horst das bitteschön

nicht noch zu seinen Lebzeiten hat
erfahren können.
Sie lachen und weinen.
Ich bin sprachlos.
Einfach völlig ungeeignet,
sage ich Gott im Stoßgebet.
Da höre ich:
Noch ist nicht genug Geld zusammen.
Vor allem sollen auch Blumen auf den Sarg.
Ohne Blumen geht das doch nicht.
Plötzlich geht ein Körbchen rum.
Alle legen was rein.
Ich auch.
Die selbstverständlichste Kollekte
meines Lebens.
Der Korb kommt wieder.
Das reicht noch nicht,
sagt der Wirt.
Jetzt habt euch mal nicht so.
Evangelisch oder katholisch,
irgendwas wird er schon gewesen sein.
Oder ist das wichtig?
Dem Horst war das wurscht.
Dem lieben Gott auch,
sag' ich
und nehm' jetzt doch
eine Zigarette an.
Keine Verwandten gebe es.

Leider.
Das sehe ich anders,
sage ich.
Selten eine so enge Familie gesehen,
was Zusammenhalt
und ehrliche Trauer anbelangt.

Sie sind auf einmal sehr still.
Wie alt Horst war,
bringt wieder Stimmung in die Bude.
Nicht so alt,
wie er ausgesehen hat,
sagen sie
und schlagen sich
auf die Schenkel.
Wir sehen uns dann
auf dem Friedhof,
sage ich und stehe auf.
Äußerst zuvorkommend
werde ich verabschiedet.

Draußen hole ich tief Luft.
Weit weg war ich
vom Erstickungstod
nicht.
Dafür habe ich
Leben pur geatmet.
Meine Ansprache wird diesmal

anders sein müssen.
Neue Vokabeln werde ich lernen
für die alte Botschaft.

Das bin ich denen schuldig.
Die bringen's fertig
und kommen sogar nüchtern.

Dem Horst zuliebe.

Glaube wohnt

Menschen bauen Häuser
und Hütten
und Paläste.
Für sich und ihre Kinder.

Menschen bauen Räume
für ihre Träume,
zum Schutz.
Obdächer für Obdachlose.

Wir wollen unser Leben
unter Dach und Fach bringen.
Ein Zuhause haben.

Menschen bauen Häuser,
auch für Gott.
Seit Salomo
ist das schon so.

Und es ist ein Bekenntnis,
ein Credo aus Steinen.

Gott wohnt unter uns.
Er hat eine Hausnummer
in unserer Straße.
Er hat sich niedergelassen,

er ist nicht nur
da oben im Himmel,
sondern auch hier unten
auf dem Boden unserer Tatsachen.
Gott ist eingezogen.

Jesus heißt sein Untermieter,
den er uns geschickt hat.
Erst nur im Stall,
dann überall.

Und so stehen sie jetzt da
landauf, landab,
die Häuser für Gott,
die Gotteshäuser,
der Ort, da seine Ehre wohnt.

Die Kirchen sollen im Dorf bleiben
und in der Stadt.
Mit dem Turm,
dem Fingerzeig zum Himmel.

Mitten im Lauf der Zeit
mitten im Lärm
der Raum der Stille.
Anberaumt.
Bergend.
Schützend.

Seit Generationen zum Verschonen.
Platz für Dank und Bitte
in unserer Mitte.
Klage und Zweifel,
Suchen und Finden.

Denk mal
und pflege dein Gotteshaus.
Such deinen Platz
im Mehrgenerationenhaus
aus- und eingehend komm
in die Wohngemeinschaft
mit Gott und seinen Hausgenossen.
Man hat dir dort
zuvorkommend
deinen Platz frei gehalten.
Weil schon immer
festgestanden hat,
dass du auch noch
nachkommst.

Eintritt
frei!

Ansehen genießen

Übrigens –
egal, wie es aussieht,
aber ein Gesicht machen wir immer.
Ich meine, niemand könnte sagen:
Ich gehe heute zwar hinaus auf die Straße,
aber ein Gesicht
mach ich nicht!
Das geht nicht,
denn wir haben immer eins,
und es sieht immer irgendwie aus,
und es ist uns immer was ins Gesicht geschrieben.
„Was machst du denn für ein Gesicht?",
fragen wir
und sehen es schon
an den Augen und am Mund,
ehe der was gesagt hat.
Ja, wir sind allesamt
eine Ansichtssache,
wie man sieht.
Ohne Gesicht können wir nicht leben,
schon gar nicht
ohne ein liebes Gesicht.

Es passierte in der Grundschule.
Erste Klasse.
Zweiter Schultag.

Die Kleinen
sitzen auf ihren Stühlchen
und sind gespannt und zappelig.
Da, mitten im Unterricht,
fängt ein Mädchen
plötzlich an zu weinen,
schluchzt und hört nicht mehr auf.
Die Lehrerin versucht es zu trösten
und fragt fürsorglich,
was denn bloß passiert sei.
Nichts und niemand
hatte dem Kind was getan.
Nach einigem Luftholen
und ein bisschen Schluckauf
sagt doch dieses wunderbare Menschenkind:
„Ich weiß nicht mehr,
wie meine Mama aussieht!"
Ja, was für eine Katastrophe.
Plötzlich in fremder Umgebung,
mit Lampenfieber
und Heimweh
und Bauchweh vielleicht,
da kann es schon passieren,
dass man sich nach
einem lieben Gesicht sehnt.

Nicht nur in der ersten Klasse,
unsere ganze Lebensschule lang

sind wir auf der Suche
nach einem lieben Gesicht,
wollen angesehen,
lieb gehabt,
wertgeschätzt werden.

Und dann strahlen wir auch selber,
und es steht uns das Glück im Gesicht,
es glänzt ein bisschen
das Leben auf unserer Stirn,
und unsere Augen werden
zusehends heller.

Jesus hat wohl gerade deshalb
so viele Menschen gewonnen,
weil er immerzu
ein Auge für sie hatte,
weil er hingeschaut und aufgebaut hat,
weil er gerade die nicht übersah,
die für andere im toten Winkel
aus dem Blick geraten waren.
Und dann wurden diese Menschen
gesund und froh und stark,
richteten sich auf,
bekamen Rückgrat
und Lebenskraft.
Wir sehen eben immer auch so aus,
wie wir angesehen sind.

Sweetlord

Haben Sie's schon gehört?
Jesus ist wieder schwer im Kommen.
Wenn es nach den neusten Bemühungen
einiger Schokoladenhersteller geht,
wird er demnächst in aller Munde sein.
Ein Jesus
wie aus einem Guss,
einem Schokoguss.
100 Gramm schwer,
21 cm groß.
Sein Name ist:
„Gold Jesus",
weil in Goldfolie verpackt,
oder noch besser:
„Sweetlord"
wird er heißen.
Das hat sich der Erfinder
bereits patentieren lassen.

Nikoläuse und Osterhasen zittern schon.
Der Konkurrenzkampf wird knallhart.
Schließlich hat Jesus immer Saison,
was man von den alten Hasen
und den niedlichen Nikoläusen
so nicht sagen kann.
Da es sich angeblich auch noch

um Bioschokolade handelt,
wird das Produkt zweifellos ein Renner.
Bis Ostern soll die Produktion in Massen laufen.
Das wird eine Auferstehung der besonderen Art.

Was, glauben Sie,
wird das werden?
Ein Erfolg?
Und wenn ja, für wen?

Die Befürworter sagen:
Endlich mal ein Anlass,
anlässlich der christlichen Feste
über die eigentliche Hauptperson zu reden.
Was hat der Osterhase mit Ostern zu tun?
Was der Nikolaus mit Bethlehem?
Der Goldene Jesus
ist genau die Marktlücke,
die es zu schließen gilt.

Die Gegner wettern dagegen:
Diese Nummer zeigt,
dass Ehrfurcht und Anbetung
auf die Liste der bedrohten Arten gehören.
Jesus
zu reduzieren auf den Süßen,
den man mal so nebenbei
vernaschen kann,

das hat mit dem christlichen Glauben
nichts mehr zu tun
und wird sicher nicht dazu beitragen,
dass Menschen interessierter nachfragen,
was es mit diesem Jesus auf sich hat.

Man kann gespannt sein,
was daraus wird.
Fest steht ja,
dass auch Gottes Liebe
uns nicht nur durch den Kopf,
sondern auch durch den Magen gehen soll.

So gesehen,
ist Sweetlord
eine der gewagtesten Versuchungen,
seit es Gottes Gnade und Schokolade gibt.

Zu mir kommen

Heute habe ich eine Verabredung
der besonderen Art.
Ich will mich mit mir treffen.
Ich habe fest vor,
mir heute im Laufe des Tages
höchstpersönlich zu begegnen.
Sie werden womöglich entsetzt sein
wegen dieser Absicht
und mich warnen wollen,
weil das gefährlich ist.
Gut, dann gebe ich Ihnen recht und sage:
Die Gefahr scheue ich nicht,
die nehm' ich in Kauf,
das ist es mir wert,
dass ich mich mal wieder sehe
und bei mir erkundigen kann
nach dem werten Befinden.
Man kommt ja sonst zu nichts.
Schon gar nicht zu sich selbst.
Immerzu und immerfort ist man
mit anderen beschäftigt,
die so unheimlich anders sind.
Und selbst ist man kaum noch bei sich.

Aber heute komm ich mal zu mir.
Werde mich zu mir nach Hause einladen

und hoffen,
dass ich da bin.
Ich bin so frei
und mach' ein bisschen früher Schluss.
Das sage ich aber niemandem.
Und dann komme ich mit mir überein,
dass wir uns einmal schön zurückziehen
ins stille Kämmerlein,
meine Sehnsucht und ich,
meine Hoffnung und ich,
mein Zweifelglaube und ich.

Ich habe deswegen auch kein schlechtes Gewissen.
Früher hätte ich das gehabt.
Zumal ich immer dachte,
Christen müssen möglichst so wie Christus sein,
und der war immer da,
hat unentwegt geholfen und geheilt und gepredigt
und sich verschleudert und verschenkt.
Denkste!
Erst eine gute Freundin musste mich
darauf aufmerksam machen,
dass Jesus mit Vorliebe nicht nur andere,
sondern auch sich selbst getroffen hat.
Vor schweren Entscheidungen,
wenn er Auseinandersetzungen gehabt hatte,
oder einfach,
wenn es ihm genug war

und die Leute ihn einfach zu sehr bedrängt haben.
Dann hat er sie einfach weggeschickt
und sich zurückgezogen,
auf den Berg,
in die Wüste,
an einen geheimen Ort,
und hat die Verabredungen mit sich selbst
regelmäßig und selbstbewusst eingehalten,
um in der Nähe seines himmlischen Vaters
aufzuatmen.
Und dann war er wieder fit für die Außenschauplätze.
Innerlich aufgeräumt und gesammelt,
wieder kraftvoll und ehrlich zugeneigt.

Darum hat er wohl auch die Parole:
„Liebe deinen Nächsten wie dich selbst!"
ausgegeben.
Die sagt nämlich,
dass nur, wer sich selbst regelmäßig trifft,
betroffen sein kann
in der Nähe der anderen.
Ohne Verabredung mit mir
treffe ich auch sonst keinen Menschen.
Die Innenkonferenz macht mich stark,
dann bin ich wieder mit mir einig und
komme aus mir heraus.
Aber nicht gleich heute.
Eine Verabredung am Tag reicht.

Nachweis der Zitate

Die Bibelzitate sind entnommen aus: Lutherbibel, revidierter Text 1984, durchgesehene Ausgabe in neuer Rechtschreibung, © 1999 Deutsche Bibelgesellschaft, Stuttgart

Die Quellen für die folgenden Zitate und Bibelzitate sowie Anspielungen auf biblische Passagen:

Engelsgeduld: 1. Mose 19,1-3.17-22
Hallo Nachbar: Lukas 10,27
Tohuwabohu: 1. Mose 1,2
Schild-Bürger: 2. Mose 20; Lukas 10,27
Der Glückliche: Apostelgeschichte 20,9-10
Namhaft: Jesaja 43,1
Dankquote: Lukas 17,11-18
Umdenken: 1. Petrus 5,7
Fliegender Koffer: Psalm 139,5
Wackelkandidat: Jesaja 35,3; Hebräer 12,12
Das rechnet sich: Matthäus 18,21-22
Ab heute heilig: 1. Petrus 1,13-16
Tränenreich: Psalm 56,9; Offenbarung 21,4
Kompliment: Johannes 10,27-28
*Aber*glaube: 1. Mose 18,1-14; 21,1-7
Millimeterarbeit: Johannes 4,1-10.19-26
Schäfchen zählen: Lukas 15,1-7
Siebengescheit: 1. Mose 1-2

Abstand und Anstand: 1. Mose 13,1-13

Mitreisend: Psalm 23,4 (freie Übersetzung)

Wo bist du, Mensch? Zitiert aus: Claudia Piras/
Bernhard Roetzel, Etikette International. Der
Weltführer für gutes Benehmen, Hagen 2001,
S. 84; Matthäus 25,40.45

Mensch, du bist wo!: Zitiert aus: Gerhard von Rad,
Das Alte Testament Deutsch, Neues Göttinger
Bibelwerk, Das erste Buch Mose, Genesis, ATD
2-4, Göttingen 1981, S. 64-65; 1. Mose 3,1-13;
Johannes 19,5

Rückwärts vorwärts: 1. Mose 19,24-26

*Lenk*rat: Psalm 37,5

Noch nicht fertig!: 1. Johannes 3,2

Wachstumsraten: Markus 4,26-27

Verträglichkeitsabkommen: 1. Mose 1,12.26-27.31; 1.
Mose 2,7; Psalm 139,13-14

Dienstbesprechung: Markus 10,35-45

Das Arche-Noah-Prinzip: 1. Mose 6,17-22

Denkzettel: Maleachi 3,17

Blind Date mit Gott: Matthäus 25,40.45

Erträglich: Matthäus 13,3-8

Einleben für die Ewigkeit: Johannes 11,25

Unentschieden: Johannes 13,37-38; 18,15-18.25-27;
21,15-17

Zu mir kommen: Matthäus 14,23; Lukas 10,27